D1386253

Qu'est-ce qu'on mange?

... CET ÉTÉ

Les
CFQ

COLLECTION PRATIQUE

Concept et réalisation
Communiplex Marketing inc

Recherche et coordination du contenu
Diane Couturier Services Conseils inc

Contenu recettes
Les Cercles de Fermières du Québec

Conception graphique et mise en pages
Em Dash Design

Révision du contenu
Communiplex Marketing inc

Correction d'épreuves
Marie-Claire Beaudoin, Monique Otis, Joëlle Pépin, Raymonde Trudel

Photos des plats
Tango Photographie
Styliste, accessoiriste culinaire   Jacques Faucher
Assistant culinaire   Michael Linnington
Photographe   Guy Arsenault

Illustrations additionnelles
Shutterstock

Consultant en production
CJB Productions

Dépot légal, deuxième trimestre 2015
Bibliothèque nationale du Québec
Bibliothèque nationale du Canada

ISBN: 978-2-920908-81-9

Édité par Les Cercles de Fermières du Québec
1043 rue Tiffin,
Longueuil, Québec,
J4P 3G7

Imprimé au Québec

MESSAGE
DE LA PRÉSIDENTE

Les Cercles de Fermières du Québec fêtent leur 100ᵉ anniversaire sous un thème évocateur « 100 ans de savoir à partager ». Ce thème illustre bien l'histoire des Cercles de Fermières du Québec fondés en 1915 afin de répondre au besoin des femmes rurales cherchant à revitaliser le travail agricole et rompre avec l'isolement. Aujourd'hui les CFQ regroupent des femmes de 14 à 100... ans de tous les milieux qui soutiennent l'amélioration des conditions de vie de la femme et de la famille ainsi que la transmission du patrimoine culturel et artisanal. Leur riche histoire s'est construite au fil d'une constante évolution qui n'a jamais renié le passé, mais tend résolument vers le futur dans un heureux mélange d'ouverture d'esprit et de valeurs sûres.

Afin de bien célébrer ce 100ᵉ anniversaire, une deuxième publication de notre savoir-faire culinaire voit le jour. *Qu'est-ce qu'on mange? ... cet été* est le deuxième livre de notre nouvelle collection pratique. Il s'articule cette fois autour du thème savoureux de la cuisine estivale.

L'été est une saison joyeuse, où les activités familiales et les rencontres entre amis se multiplient. C'est également l'occasion de profiter de la générosité de Dame Nature. Comme il est important pour nous de transmettre notre patrimoine culinaire, mais aussi de partager nos valeurs familiales, nous vous souhaitons de belles rencontres durant cette saison chaude qui invite à la détente et aux plaisirs de la table.

En cette année anniversaire pour les CFQ, nous sommes fières de vous offrir ce livre de recettes qui nous représente bien. Bon appétit !

Louise Lagarde

Présidente provinciale

TABLE DES MATIÈRES

Guacamole

AMUSE-BOUCHES

Baguette farcie de mousse de volaille
ou de jambon ou de crevettes   8

Bâtonnets au cheddar   14

Cake salé aux lardons et
aux tomates séchées   10

Feuilles de vigne farcies   13

Guacamole   13

Mix gril de saucisses au barbecue
et ses sauces   15

— BAGUETTE FARCIE DE MOUSSE DE VOLAILLE —
OU DE JAMBON OU DE CREVETTES

4 PORTIONS

1 baguette, coupée en deux dans le sens de la longueur

MOUSSE DE VOLAILLE

60 ml (¼ tasse) de lait
45 ml (3 c. à s.) de beurre, mou
375 ml (1 ½ tasse) de poulet cuit, haché
6 olives noires dénoyautées, hachées finement
4 morceaux de tomates séchées, hachées finement
45 ml (3 c. à s.) d'oignon, haché finement
5 ml (1 c. à t.) d'ail, haché
2 œufs
60 ml (¼ tasse) de cheddar fort, râpé
5 ml (1 c. à t.) de thym frais
Sel et poivre

Retirer un peu de mie de pain de la baguette.

Faire tremper la mie de pain dans le lait.

Dans un bol, mélanger les autres ingrédients. Incorporer la mie de pain. Transférer dans un bol.

Remplir les demi-baguettes du mélange et les poser l'une sur l'autre pour reformer la baguette.

Envelopper la baguette dans du papier d'aluminium.

Cuire au four 30 minutes à 175 °C (350 °F).

Découper en tranches et servir chaud ou froid.

MOUSSE DE JAMBON

125 ml (½ tasse) de mayonnaise
125 ml (½ tasse) de fromage à la crème
30 ml (2 c. à s.) de beurre
5 ml (1 c. à t.) de moutarde sèche
1 échalote française, émincée
1 gousse d'ail, émincée
Sel et poivre
1 ml (¼ c. à t.) de sauce Worcestershire
375 ml (1 ½ tasse) de jambon cuit, haché
15 ml (1 c. à s.) de cerfeuil, haché

Au robot culinaire, mélanger tous les ingrédients sauf le jambon. À l'aide d'une fourchette, incorporer délicatement le jambon. Transférer dans un bol.

Remplir les demi-baguettes du mélange et reformer la baguette.

MOUSSE DE CREVETTES

375 ml (1 ½ tasse) de crevettes de Matane
80 ml (⅓ tasse) de mayonnaise
15 ml (1 c. à s.) de sauce chili
10 ml (2 c. à t.) de raifort au vinaigre
125 ml (½ tasse) de fromage à la crème
30 ml (2 c. à s.) de beurre
1 gousse d'ail, émincée
Sel et poivre
1,25 ml (¼ c. à t.) de sauce Worcestershire

Au robot culinaire, mélanger 125 ml (½ tasse) de crevettes avec le reste des ingrédients. Incorporer délicatement 250 ml (1 tasse) de crevettes entières. Transférer dans un bol.

Remplir les demi-baguettes du mélange et reformer la baguette.

CAKE SALÉ AUX LARDONS ET AUX TOMATES SÉCHÉES

8 PORTIONS

400 ml (1 ⅔ tasse) de farine

15 ml (1 c. à s.) de poudre à pâte

Poivre du moulin

4 œufs

80 ml (⅓ tasse) de crème 35 %

80 ml (⅓ tasse) de beurre fondu

250 ml (1 tasse) de gruyère, râpé

250 ml (1 tasse) de lardons fumés et coupés en dés

125 ml (½ tasse) de tomates séchées, émincées

15 ml (1 c. à s.) d'herbes de Provence

Préchauffer le four à 175 °C (350 °F).

Beurrer les moules.

Dans un grand bol, mélanger la farine, la poudre à pâte et le poivre.

Dans un autre bol, fouetter les œufs et la crème. Ajouter le gruyère, les lardons et les tomates séchées. Mélanger. Ajouter la farine, la poudre à pâte et le poivre. Bien mélanger la préparation.

Remplir les moules au ⅔ et saupoudrer un peu d'herbes de Provence sur la pâte, si désiré. Déposer sur une plaque de cuisson.

Cuire environ 25 à 30 minutes ou jusqu'à ce qu'un cure-dents piqué au centre en ressorte propre.

Laisser tiédir 10 minutes avant de démouler.

Feuilles de vigne farcies

FEUILLES DE VIGNE FARCIES

4 PORTIONS

12 feuilles de vigne, marinées, du commerce

500 ml (2 tasses) de riz blanc, cuit

250 ml (1 tasse) d'agneau haché, cuit

1 tomate, broyée

30 ml (2 c. à s.) de persil, haché

5 ml (1 c. à t.) de feuilles de menthe, hachées

1 gousse d'ail, hachée

2,5 ml (½ c. à t.) de zeste de citron

5 ml (1 c. à t.) de paprika

Sel et poivre

1 citron, coupé en quartiers

À l'aide de papier absorbant, assécher les feuilles de vigne. Réserver.

Dans un bol, mélanger le riz, l'agneau, la tomate, le persil, la menthe, l'ail, le zeste de citron et le paprika. Saler et poivrer.

Sur le plan de travail, étendre les feuilles de vigne. Déposer une petite quantité de préparation au centre de chaque feuille. Replier de façon à former des petits cigares.

Préparer un bain-marie. Déposer les feuilles de vigne farcies et cuire à la vapeur 4 minutes.

Servir avec des quartiers de citron.

GUACAMOLE

4 PORTIONS

2 avocats mûrs, pelés

1,25 ml (¼ c. à t.) de Tabasco

1,25 ml (¼ c. à t.) d'huile d'olive

15 ml (1 c. à s.) de jus de citron

15 ml (1 c. à s.) de persil

Sel et poivre

1 tomate, en dés

1 concombre, en rondelles

Croustilles de maïs

Dans un bol, réduire les avocats en purée. Ajouter le Tabasco, l'huile d'olive, le jus de citron, le persil, le sel et le poivre.

Garnir de dés de tomate.

Servir dans un bol déposé dans une grande assiette et disposer les rondelles de concombre et des croustilles de maïs tout autour.

BÂTONNETS AU CHEDDAR

4 PORTIONS

160 ml (⅔ tasse) de beurre froid

180 ml (¾ tasse) de farine

2,5 ml (½ c. à t.) de sel

0,5 ml (1 c. à t.) de piment de Cayenne

250 ml (1 tasse) de cheddar fort, râpé

30 ml (2 c. à s.) d'herbes séchées mélangées (thym, origan, sauge)

Dans un robot culinaire, mélanger le beurre, la farine, le sel et le piment de Cayenne pour obtenir une consistance granuleuse. Ajouter le cheddar et pulser quelques fois jusqu'à ce que la pâte forme une boule.

Abaisser la pâte sur une surface farinée pour obtenir un rectangle de 5 x 18 cm (2 x 7 po). Réfrigérer 30 minutes.

Préchauffer le four à 200°C (400°F).

Diviser la pâte en deux sur la longueur et étendre pour obtenir deux rectangles de 13 x 20 cm (5 x 8 po).

Saupoudrer les épices sur la pâte et passer le rouleau sans presser pour fixer les épices.

Tailler des bâtonnets de 1 ½ cm (½ po) de largeur.

À l'aide d'une spatule, transférer les bâtonnets sur une plaque antiadhésive.

Cuire 7 à 10 minutes jusqu'à ce que les bâtonnets soient dorés.

Laisser refroidir sur la plaque.

MIX GRIL DE SAUCISSES AU BARBECUE ET SES SAUCES

4 PORTIONS

8 saucisses variées (allemandes, merguez, de Toulouse, italiennes)

SAUCE MAYONNAISE ET MOUTARDE DE DIJON :

mélanger 125 ml (½ tasse) de mayonnaise, 60 ml (¼ tasse) de moutarde de Dijon et un trait de sauce Worcestershire.

SAUCE AUX TOMATES ET AUX POIVRONS :

dans un mélangeur, réduire en purée 250 ml (1 tasse) de tomates en dés, 250 ml (1 tasse) de poivrons rouges en dés, 45 ml (3 c. à s.) d'oignon émincé, 15 ml (1 c. à s.) de vinaigre de vin, 15 ml (1 c. à s.) d'huile d'olive, 15 ml (1 c. à s.) d'origan frais, sel et poivre.

SAUCE AU RAIFORT ET FINES HERBES :

dans un bol, mélanger 1 morceau de racine de raifort fraîche de 2 cm (environ 1 po) ou 30 ml (2 c. à s.) de raifort blanc préparé du commerce, 60 ml (¼ tasse) de crème sure, 30 ml (2 c. à s.) de fines herbes mélangées (origan, romarin, basilic et/ou persil), 15 ml (1 c. à s.) de zeste de citron, sel et poivre. Monter en neige 60 ml (¼ tasse) de crème 35 % et incorporer au mélange précédent.

Dans une grande casserole d'eau bouillante, faire pocher les saucisses 2 minutes.

Préchauffer le barbecue à puissance élevée. Au moment de cuire les saucisses, réduire à puissance moyenne l'intensité de la chaleur. Badigeonner légèrement les saucisses avec de l'huile d'olive.

Griller les saucisses sur toutes leurs faces environ 10 minutes au total en retournant les saucisses plusieurs fois pendant la cuisson. Fermer le feu et le couvercle du barbecue. Laisser reposer au moins 3 minutes.

Tailler les saucisses en tronçons de 2,5 cm (environ 1 po), disposer dans une grande assiette et accompagner des sauces.

Antipasti

ENTRÉES

Antipasti   18

Calmars grillés   19

Camembert au barbecue   22

Ceviche de pétoncles   20

Crevettes en marinade d'agrumes   20

Salade de coeurs de palmier
et d'artichauts   25

Tartare de saumon aux anchois   23

ANTIPASTI

Champignons marinés au citron

Coeurs d'artichauts, vinaigrette à l'ail

Olives entières variées épicées

Mini-poivrons aux anchois

Parmesan frais, taillé en tranches ou en morceaux

Saucisson de Gênes, Rosette de Lyon ou charcuteries de votre choix

Marinade pour les champignons : dans un bol, mélanger 1,25 ml (¼ c. à t.) de sel et de poivre, le jus d'un citron, 60 ml (¼ tasse) d'huile d'olive, 15 ml (1 c. à s.) d'origan, 1 feuille de laurier émiettée et 45 ml (3 c. à s.) de persil haché. Verser sur 450 g (1 lb) de champignons café coupés en quartiers et petits pleurotes. Laisser mariner au moins 2 heures avant de servir.

Vinaigrette pour les cœurs d'artichauts : dans un bol, mélanger 1,25 ml (¼ c. à t.) de sel et de poivre, 1 gousse d'ail émincée, 30 ml (2 c. à s.) de vinaigre de xérès, 60 ml (¼ tasse) d'huile d'olive, 5 ml (1 c. à t.) de thym et une feuille de laurier émiettée. Verser sur le contenu de 2 conserves d'artichauts égouttés et coupés en quartiers et laisser mariner au moins 2 heures avant de servir.

Olives entières variées épicées : dans une petite casserole, déposer les olives et ajouter 10 grains de poivre noir, 1 pincée de piment fort, 1 feuille de laurier, 1 branche de romarin et une gousse d'ail coupée en quatre. Couvrir d'huile d'olive et chauffer doucement 5 minutes. Laisser tiédir.

Mini-poivrons aux anchois : préchauffer le four à gril. Retirer la calotte retenant le pédoncule et vider chaque poivron de ses graines. Placer sur une tôle et cuire 3 minutes pour les ramollir, en surveillant la coloration. Retirer du four et laisser refroidir. Farcir 12 à 18 mini-poivrons du mélange suivant : une gousse d'ail hachée, 125 ml (½ tasse) de persil haché, 60 ml (4 c. à s.) de parmesan, 45 ml (3 c. à s.) de câpres et de 6 filets d'anchois hachés.

CALMARS GRILLÉS

4 PORTIONS

675 g (1 ½ lb) de calmars, sans peau

125 ml (½ tasse) de gros sel

250 ml (1 tasse) de lait 1 %

2 gousses d'ail, hachées

250 ml (1 tasse) de tomates, broyées

30 ml (2 c. à s.) de basilic, haché

1,25 ml (¼ c. à t.) de sauce Worcestershire

Sel et poivre

15 ml (1 c. à s.) d'huile d'olive

Retirer les tentacules et la section rigide (plume) du corps des calmars. Conserver les tentacules pour une salade.

Couper le corps de chaque calmar en quatre lanières. Enrober de gros sel et déposer dans une passoire. Laisser dégorger 30 minutes. Rincer abondamment sous l'eau fraîche. Égoutter et assécher.

Dans un bol, mélanger le lait et l'ail. Y déposer les calmars, bien mélanger et couvrir. Placer au réfrigérateur environ 6 heures.

Une heure avant de retirer les calmars du réfrigérateur, mélanger dans un bol les tomates, le basilic et la sauce Worcestershire. Saler et poivrer. Laisser reposer à température ambiante.

Retirer les calmars du réfrigérateur et égoutter. Assécher à l'aide de papier absorbant.

Badigeonner une poêle d'huile d'olive et chauffer à feu moyen. Cuire environ le quart des calmars, 90 secondes sur chaque face. Déposer dans une assiette. Saler et poivrer. Couvrir de papier d'aluminium. Laisser reposer 5 minutes.

Répéter avec le reste des calmars.

Verser la préparation de tomates au fond d'une assiette. Déposer les calmars grillés.

Servir accompagnés de légumes grillés, si désiré.

CEVICHE DE PÉTONCLES

4 PORTIONS

4 pétoncles de format U-10, tranchés
en 4 rondelles sur l'épaisseur

6 radis, coupés en julienne

45 ml (3 c. à s.) d'huile d'olive

30 ml (2 c. à s.) de jus de lime

15 ml (1 c. à s.) de ciboulette, hachée

15 ml (1 c. à s.) d'aneth, haché

10 ml (2 c. à t.) de zeste de lime

Sel

Poivre rose

Dans un bol, mélanger les ingrédients de la marinade.

Déposer la moitié de la marinade sur les tranches de pétoncles et placer au réfrigérateur au moins 1 heure.

Déposer l'autre moitié de la marinade sur la julienne de radis et réserver au frais.

Au moment de servir, disposer les tranches de pétoncles en rosace dans une assiette et décorer de la julienne de radis.

CREVETTES EN MARINADE D'AGRUMES

4 PORTIONS

12 crevettes (grosseur 8-12),
décortiquées

Le zeste et le jus de 2 oranges

Le zeste et le jus d'un pamplemousse
rose

2 branches de céleri, hachées
finement

60 ml (¼ tasse) d'huile d'olive

15 ml (1 c. à s.) de vodka

Sel et poivre

Dans un bol, mélanger les zestes et le jus des oranges et du pamplemousse. Ajouter le céleri, l'huile d'olive et la vodka. Saler et poivrer. Mélanger.

Déposer les crevettes dans la marinade et bien les enrober. Recouvrir le bol d'une pellicule plastique et placer 2 heures au réfrigérateur.

Préchauffer le barbecue à puissance élevée.

Égoutter les crevettes. Griller environ 1 minute sur chaque face en les badigeonnant de marinade à l'aide d'un pinceau.

Servir sur un lit de jeunes feuilles d'épinards.

Ceviche de pétoncles

CAMEMBERT AU BARBECUE

4 PORTIONS

1 camembert dans sa boîte en bois
80 ml (⅓ tasse) d'huile d'olive
30 ml (2 c. à s.) de cidre de glace
2 brins de thym frais
1 baguette de pain

Sortir le camembert de sa boîte et mettre la boîte à tremper 1 heure dans l'eau.

Laisser le camembert reposer à la température de la pièce.

Retirer le papier enveloppant le fromage et remettre le fromage dans sa boîte.

Préchauffer le barbecue à puissance moyenne-élevée.

Couper la baguette de pain en biseau, en tranches d'environ 1,25 cm (½ po), puis les badigeonner d'huile d'olive à l'aide d'un pinceau.

Piquer la surface du camembert avec une fourchette. Verser le cidre de glace et déposer les brins de thym. Refermer le couvercle. Cuire directement sur la grille du barbecue environ 3 à 4 minutes. Retourner une fois à mi-temps.

Griller légèrement les tranches de pain sur chaque face.

Poser le camembert sur la table et se servir des croûtons comme cuillère.

TARTARE DE SAUMON AUX ANCHOIS

4 PORTIONS

500 ml (2 tasses) de filet de saumon, coupé en dés

125 ml (½ tasse) de saumon fumé, émincé

45 ml (3 c. à s.) de câpres, égouttées

45 ml (3 c. à s.) de filets d'anchois, hachés

15 ml (1 c. à s.) d'huile d'olive

30 ml (2 c. à s.) de vinaigre de vin blanc

3 échalotes françaises, tranchées

1,25 ml (¼ c. à t.) de sauce Worcestershire

2 gouttes de sauce Tabasco

Sel et poivre

Feuilles de laitue

15 ml (1 c. à s.) de zeste de citron, râpé

1,25 ml (¼ c. à t.) de paprika

Dans un bol, mélanger le saumon, le saumon fumé, les câpres, les anchois, l'huile, le vinaigre, les échalotes, la sauce Worcestershire et la sauce Tabasco. Saler et poivrer.

Laisser reposer 1 heure au réfrigérateur en mélangeant 1 fois.

Au moment de servir, tapisser 4 assiettes de feuilles de laitue. Répartir le tartare. Saupoudrer du zeste de citron et du paprika.

SALADE DE COEURS DE PALMIER ET D'ARTICHAUTS

4 PORTIONS

125 ml (½ tasse) d'huile d'olive

30 ml (2 c. à s.) de vinaigre de vin

1 échalotte française, hachée finement

1 gousse d'ail, émincée

Sel et poivre

284 ml (10 oz) de cœurs de palmier, en conserve

284 ml (10 oz) de cœurs d'artichauts, en conserve

12 tomates cerises, coupées en deux

Feuilles de basilic

Tailler les cœurs d'artichauts en deux par le milieu et les cœurs de palmier en deux sur la longueur.

Dans un bol, fouetter les 5 premiers ingrédients jusqu'à obtenir une vinaigrette onctueuse.

Répartir les cœurs d'artichauts, les coeurs de palmier et les demi-tomates dans les assiettes.

Verser la vinaigrette et décorer de feuilles de basilic.

Saler et poivrer au goût.

Soupe glacée au concombre

SOUPES ET POTAGES

CHAUDRÉE DE POISSONS ET CREVETTES

4 PORTIONS

225 g (½ lb) de filets de poisson blanc, en dés

225 g (½ lb) de crevettes de Matane

30 ml (2 c. à s.) de beurre

60 ml (¼ tasse) d'oignon, haché finement

125 ml (½ tasse) de carotte, hachée finement

60 ml (¼ tasse) de céleri, en dés

45 ml (3 c. à s.) de farine

2,5 ml (½ c. à t.) de sel

1 pincée de paprika

250 ml (1 tasse) de bouillon de poulet

500 ml (2 tasses) de lait

125 ml (½ tasse) de fromage à tartiner

Dans une casserole, faire fondre le beurre. Faire revenir les légumes jusqu'à ce que l'oignon devienne transparent. Ajouter la farine, le sel et le paprika.

En remuant constamment, verser peu à peu le bouillon de poulet et le lait. Remuer jusqu'à épaississement.

Ajouter le poisson et les crevettes. Laisser mijoter 5 minutes ou jusqu'à ce que le poisson soit cuit.

Incorporer le fromage et faire fondre en remuant.

Au service, saupoudrer de paprika.

Crème de courgettes à l'ail

CRÈME DE COURGETTES À L'AIL

4 PORTIONS

6 courgettes, coupées finement

10 ml (2 c. à t.) de sel

45 ml (3 c. à s.) de beurre

2 oignons, tranchés

2 gousses d'ail, émincées

1 l (4 tasses) de bouillon de poulet

1 grosse tomate, pelée et coupée en dés

5 ml (1 c. à t.) de thym

2,5 ml (½ c. à t.) de sucre

2,5 ml (½ c. à t.) d'origan

2,5 ml (½ c. à t.) de basilic

1,25 ml (¼ c. à t.) de muscade

1,25 ml (¼ c. à t.) de poivre

125 ml (½ tasse) de crème 35 %

Saler les courgettes et laisser dégorger dans une passoire 30 minutes.

Dans une casserole, faire fondre le beurre. Ajouter les oignons, les courgettes et l'ail. Couvrir et laisser mijoter à feu doux 10 minutes.

Ajouter le bouillon de poulet, la tomate et les assaisonnements. Cuire 5 minutes.

Passer au mélangeur. Remettre dans la casserole et incorporer la crème. (Voir note)

Laisser réchauffer 2 minutes.

Note : ce potage se sert également froid. Dans ce cas, omettre la crème avant de refroidir. Avant de servir, bien mélanger le potage à l'aide d'une spatule et garnir chaque bol d'un filet de crème.

CRÈME DE LAITUE

4 PORTIONS

1 l (4 tasses) de bouillon de poulet

500 ml (2 tasses) de pommes de terre, en cubes

1 laitue Boston ou autre, lavée, effilochée

Sel et poivre

1,25 ml (¼ c. à t.) de poivre de Cayenne

125 ml (½ tasse) de yogourt nature

250 ml (1 tasse) de lait partiellement écrémé

Feuilles de laitue, ciselées

Dans une casserole, amener le bouillon de poulet à ébullition. Ajouter les pommes de terre et laisser mijoter à feu doux 20 minutes.

Ajouter la laitue. Laisser mijoter 1 minute. Assaisonner de sel, de poivre et de poivre de Cayenne.

Passer au mélangeur.

Dans un bol, mélanger le yogourt et le lait. Verser dans le bol du mélangeur et incorporer au mélange. Réchauffer 2 minutes sans porter à ébullition.

Garnir de feuilles de laitue ciselées.

GASPACHO AU MELON ET
AU FROMAGE FETA

1 petite échalote française, hachée finement

1 cantaloup mûr

1 concombre anglais, pelé et tranché

1 tomate, coupée en dés

60 ml (¼ tasse) d'huile d'olive

15 ml (1 c. à s.) de vinaigre balsamique blanc ou de vinaigre de cidre

125 ml (½ tasse) de bouillon de poulet

Le jus d'une lime

1,25 ml (¼ c. à t.) de Tabasco

Sel et poivre

GARNITURE

125 ml (½ tasse) de concombre anglais, en dés

125 ml (½ tasse) de cantaloup, en dés

15 ml (1 c. à s.) de menthe, ciselée

15 ml (1 c. à s.) de basilic, ciselé

60 ml (¼ tasse) de fromage feta, émietté

Filet d'huile d'olive

Tailler la chair du cantaloup en dés. Réserver des dés de cantaloup et de concombre pour la garniture.

Au robot culinaire, pulser les ingrédients du gaspacho jusqu'à consistance grossière. Si vous jugez le mélange trop acide, rectifiez avec du sucre, au goût.

Laisser reposer au moins 2 heures au réfrigérateur.

Vérifier à nouveau l'assaisonnement et rectifier au besoin.

Préparer la garniture tout juste avant de servir.

Au service, répartir la garniture et le feta émietté sur le gaspacho et arroser d'un filet d'huile d'olive.

SOUPE GLACÉE AU CONCOMBRE

4 PORTIONS

3 concombres anglais, pelés et coupés en dés

1 oignon, coupé en dés

1 laitue, effeuillée

500 ml (2 tasses) de bouillon de poulet

1,25 ml (¼ c. à t.) de muscade

1,25 ml (¼ c. à t.) de poivre de Cayenne

15 ml (1 c. à s.) de menthe

125 ml (½ tasse) de crème 35 %

Le jus d'un citron

45 ml (3 c. à s.) de ciboulette, hachée

Dans une casserole, mettre le concombre, l'oignon, la laitue, le bouillon de poulet, la muscade, le poivre de Cayenne et la menthe. Faire cuire pendant 15 minutes.

Dans un mélangeur, réduire les ingrédients en purée.

Ajouter la crème.

Mettre au réfrigérateur au moins 4 heures avant de servir.

Au moment de servir, ajouter le jus de citron, bien mélanger et décorer de ciboulette.

SOUPE GRECQUE AU POULET ET CITRON

4 PORTIONS

1 l (4 tasses) de bouillon de poulet

125 ml (½ tasse) de riz

3 œufs

Le jus d'un citron

15 ml (1 c. à s.) d'eau froide

45 ml (3 c. à s.) d'aneth

Sel et poivre

Dans une grande casserole, porter le bouillon à ébullition. Ajouter le riz et cuire 7 à 10 minutes.

Dans un bol, battre les œufs jusqu'à consistance mousseuse. Ajouter le jus de citron et l'eau froide.

Réduire le feu et verser doucement les œufs dans le bouillon en remuant constamment.

Retirer du feu. Saler et poivrer.

Verser dans des bols individuels et décorer d'une tige d'aneth avant de servir.

Brochettes d'agneau avec salsa tomate-menthe

METS PRINCIPAUX

AGNEAU

Brochettes d'agneau avec
salsa tomate-menthe 36

Burger d'agneau et
salsa de mangue,
concombre et oignon 38

Côtelettes d'agneau aux
herbes de Provence 37

BŒUF

Bavette de bœuf
à l'orange 46

Bœuf haché en roulade
de laitue 42

Entrecôtes de bœuf au
sésame, au barbecue 44

Filet de bœuf à la crème
d'herbes, au barbecue 41

Steak de flanc au barbecue,
en pommade sèche 41

POISSON ET FRUITS DE MER

Brochettes de morue
aux fruits 49

Crevettes géantes façon diabolo
et coulis de mangue 50

Doré en papillote 55

Fruits de mer à la salsa verde 47

Moules au barbecue 53

Pavés de saumon
aux tomates 55

Pétoncles en brochette,
sauce à l'avocat 54

PORC

Carré de porc rôti et sauce
aigre-douce aux framboises 56

Côtelettes de porc farcies
aux amandes 58

Côtes levées de porc Teriyaki 60

Médaillons de porc à la
crème de brie 59

VEAU

Côtelettes de veau 61

Médaillons de veau
à la rhubarbe 63

VOLAILLE

Ailes et pilons de poulet
aux herbes 64

Brochettes de poulet au
yogourt épicé 65

Escalopes de poulet au
romarin 67

Poitrines de poulet
marinées, en grillade 68

Poulet à la bière
au barbecue 69

Poulet en crapaudine,
sauce chimichurri 70

BROCHETTES D'AGNEAU AVEC SALSA TOMATE-MENTHE

4 PORTIONS

450 g (1 lb) d'épaule d'agneau, en cubes d'au moins 3,75 cm (1 ½ po) d'épaisseur

MARINADE

125 ml (½ tasse) d'huile végétale

60 ml (¼ tasse) de jus de citron

5 ml (1 c. à t.) de coriandre moulue

2 gousses d'ail, écrasées

125 ml (½ tasse) de menthe, hachée finement

Sel et poivre

SALSA TOMATE-MENTHE

12 tomates cerises, en quartiers

1 petit oignon rouge, taillé en fines lanières

1 gousse d'ail, écrasée

15 ml (1 c. à s.) de vinaigre de vin rouge

15 ml (1 c. à s.) de menthe fraîche, hachée finement

Dans un bol, combinez les ingrédients de la marinade. Y déposer les cubes de viande, bien les enduire de marinade et laisser mariner au moins 2 heures au réfrigérateur.

Sortir la viande du réfrigérateur 30 minutes avant la cuisson.

Dès que la viande est sortie du réfrigérateur, combinez dans un bol les ingrédients de la salsa et laisser reposer 30 minutes.

Préchauffer le barbecue à puissance élevée.

Retirer la viande de la marinade. Égoutter l'excédent de marinade et enfiler les cubes sur des brochettes.

Réduire la température du barbecue à puissance moyenne.

Faire griller 1 minute par face pour une cuisson médium-saignant. Griller 2 minutes par face pour une cuisson médium.

Servir, si désiré, sur un lit de jeunes pousses d'épinard.

CÔTELETTES D'AGNEAU AUX HERBES DE PROVENCE

4 PORTIONS

12 côtelettes d'agneau d'une
   épaisseur de 1,25 cm (½ po)

5 ml (1 c. à t.) d'huile d'olive

Sel et poivre

1 gousse d'ail, hachée

1 petit oignon rouge, émincé

45 ml (3 c. à s.) de vin rouge sec

250 ml (1 tasse) de bouillon de bœuf

5 ml (1 c. à t.) d'herbes de Provence

15 ml (1 c. à s.) de moutarde forte

15 ml (1 c. à s.) de fécule de maïs

30 ml (2 c. à s.) d'eau froide

Dans une grande poêle, chauffer l'huile. Cuire les côtelettes 2 minutes de chaque côté. Déposer dans une assiette. Saler et poivrer. Couvrir de papier d'aluminium et laisser reposer 5 minutes dans un four préchauffé à 70 °C (160 °F).

Dans la poêle, faire revenir l'ail et l'oignon 1 minute. Verser le vin rouge et laisser réduire de moitié. Ajouter le bouillon, les herbes de Provence et la moutarde. Poursuivre la cuisson à feu doux 3 minutes. Ajouter la fécule délayée dans l'eau et lier. Saler et poivrer. Poursuivre la cuisson 2 minutes.

Servir les côtelettes nappées de sauce aux herbes de Provence.

BURGER D'AGNEAU ET SALSA DE MANGUE, CONCOMBRE ET OIGNON

4 PORTIONS

4 pains à hamburger ou ciabata aux herbes

600 g (1 ⅓ lb) d'agneau haché

10 ml (2 c. à t.) de graines de carvi

5 ml (1 c. à t.) de sauce Worcestershire

Sel et poivre

SALSA DE MANGUE, CONCOMBRE ET OIGNON

1 mangue mûre, pelée, dénoyautée et coupée en dés

1 concombre, brossé, épépiné et coupé en dés

½ oignon rouge, coupé en dés

60 ml (¼ tasse) de coriandre fraîche, hachée

1 petit piment oiseau, épépiné et émincé

30 ml (2 c. à s.) de jus de lime

15 ml (1 c. à s.) de sucre

SUGGESTIONS DE GARNITURES :

Feuilles de laitue, au choix

Mayonnaise

Fromage de chèvre

Préparer la salsa au moins 2 heures avant de servir : dans un bol, mélanger tous les ingrédients et placer au réfrigérateur.

Dans un bol, mélanger la viande hachée d'agneau, les graines de carvi, la sauce Worcestershire, le sel et le poivre.

Façonner 4 boulettes de la taille du pain choisi.

Préchauffer le barbecue à puissance élevée. Lorsque la grille est chaude, huiler la grille.

Cuire les boulettes environ 5 minutes de chaque côté. Laisser reposer 2 minutes à l'écart du feu direct.

Badigeonner les pains de beurre fondu et les griller 30 secondes.

Procéder au montage des burgers avec les garnitures de votre choix. Garnir de salsa au goût.

Steak de flanc au barbecue

FILET DE BŒUF À LA CRÈME D'HERBES, AU BARBECUE

4 PORTIONS

900 g (2 lb) de filet de bœuf, ficelé pour obtenir une épaisseur uniforme d'environ 10 cm (4 po) de diamètre

CRÈME D'HERBES

125 ml (½ tasse) de crème de raifort, du commerce

45 ml (3 c. à s.) de persil, haché finement

15 ml (1 c. à s.) d'aneth, hachée finement

15 ml (1 c. à s.) d'estragon, haché finement

Sel et poivre

15 ml (1 c. à s.) d'huile d'olive

Dans un bol, mélanger la crème de raifort et les herbes. Saler et poivrer. Réserver.

Préchauffer le barbecue à puissance élevée.

Réduire la température du barbecue à puissance moyenne. Enduire le filet d'huile d'olive et le déposer sur la grille. Cuire pendant 15 minutes à feu moyen en le retournant périodiquement jusqu'à ce qu'il soit doré sur toute sa surface. Retirer du barbecue, couvrir et laisser reposer 10 minutes.

Au service, garnir le filet de la crème d'herbes avant de trancher.

STEAK DE FLANC AU BARBECUE, EN POMMADE SÈCHE

4 PORTIONS

1 steak de flanc de 600 g (1,3 lb)

POMMADE SÈCHE

30 ml (2 c. à s.) de café instantané

5 ml (1 c. à t.) de poudre de chili

15 ml (1 c. à s.) de paprika

5 ml (1 c. à t.) de poudre d'ail

5 ml (1 c. à t.) de cumin, broyé

5 ml (1 c. à t.) de sucre brun

5 ml (1 c. à t.) de poivre noir moulu

5 ml (1 c. à t.) de grains de coriandre, broyés

15 ml (1 c. à s.) d'huile d'olive

Retirer le steak du réfrigérateur au moins 30 minutes avant la cuisson.

Mélanger le café et les épices.

À l'aide d'un pinceau, enduire le steak d'une fine couche d'huile d'olive. Laisser pénétrer environ une minute.

Étendre la pommade sur les deux faces du steak.

Cuire au barbecue 2 minutes de chaque côté.

BŒUF HACHÉ EN ROULADE DE LAITUE

4 PORTIONS

15 ml (1 c. à s.) d'huile végétale

450 g (1 lb) de bœuf haché maigre

1 petit poivron rouge, coupé en cubes

3 oignons verts, émincés

30 ml (2 c. à s.) de gingembre frais, haché finement

2 gousses d'ail, hachées finement

2,5 ml (½ c. à t.) de flocons de piment fort

5 ml (1 c. à t.) de sucre

45 ml (3 c. à s.) de sauce soya réduite en sel

5 ml (1 c. à t.) d'huile de sésame

12 grandes feuilles de laitue Boston

1 concombre, coupé en tranches très fines

Feuilles de menthe fraîche

Feuilles de coriandre fraîche

1 lime, coupée en quartiers

Dans une grande poêle, chauffer l'huile végétale à feu moyen-vif. Ajouter le bœuf haché et cuire, en le défaisant à l'aide d'une cuillère de bois, jusqu'à ce qu'il ait perdu sa teinte rosée.

Ajouter le poivron, les oignons verts, le gingembre, l'ail, les flocons de piment fort et le sucre. Poursuivre la cuisson 5 minutes en remuant de temps à autre. Retirer du feu.

Ajouter la sauce soya et l'huile de sésame et mélanger.

Étendre les feuilles de laitue sur une surface de travail et les couvrir de deux tranches de concombre. À l'aide d'une cuillère, mettre environ ¼ t (60 ml) de la garniture au bœuf sur chaque feuille. Parsemer de feuilles de menthe et de coriandre. Presser les quartiers de lime sur la garniture. Enrouler les feuilles de laitue de façon compacte sur la garniture.

Si vous le désirez, vous pouvez placer le mélange de viande dans un plat au centre de la table et disposer dans un grand plat de service ou divers récipients les feuilles de laitue, les tranches de concombre, la menthe, la coriandre et les quartiers de lime afin que chaque personne confectionne ses propres rouleaux.

ENTRECÔTES DE BŒUF AU SÉSAME, AU BARBECUE

4 PORTIONS

4 entrecôtes de bœuf d'environ 170 g (6 oz) chacune

1 gousse d'ail, écrasée

15 ml (1 c. à s.) de sucre

30 ml (2 c. à s.) de gingembre frais, râpé

30 ml (2 c. à s.) de sauce soya

15 ml (1 c. à s.) de saké

3 oignons verts, coupés en longues lanières

30 ml (2 c. à s.) de graines de sésame grillées

Dans un bol, mélanger l'ail, le sucre, le gingembre, la sauce soya et le saké.

Déposer les entrecôtes dans un plat peu profond. Couvrir du mélange épicé et laisser mariner 30 minutes au réfrigérateur.

Placer les lanières d'oignons verts dans de l'eau glacée jusqu'à ce qu'elles frisent. Égoutter.

Préchauffer le barbecue à puissance moyenne-élevée.

Retirer la viande de la marinade. Cuire au barbecue 5 minutes d'un côté et 2 minutes de l'autre. Retirer et couvrir de papier d'aluminium. Laisser reposer 5 minutes avant de tailler la viande en tranches de 1,25 cm (½ po).

Au moment de servir, décorer de graines de sésame et de lanières d'oignon.

Servir avec le chou chinois à l'asiatique (voir page 102).

BAVETTE DE BŒUF À L'ORANGE

4 PORTIONS

900 g (2 lb) de bavette, détaillée en quatre portions

MARINADE

3 pincées d'épices à steak

60 ml (¼ tasse) de sauce soya

60 ml (¼ tasse) de vinaigre de xérès ou de vinaigre de vin rouge

250 ml (1 tasse) de jus d'orange

Sel et poivre

Dans une casserole, amener tous les ingrédients de la marinade à ébullition et laisser refroidir.

Verser la marinade dans un plat creux. Y déposer la viande. Couvrir d'une pellicule plastique et laisser mariner 6 heures au réfrigérateur.

Préchauffer le barbecue à puissance élevée.

Retirer la viande de la marinade et égoutter l'excédent de marinade.

Cuire chaque morceau environ 5 à 6 minutes d'un côté, selon l'épaisseur, et 2 minutes de l'autre. Contrôler les flambées en déplaçant les pièces de viande au besoin. La bavette se consomme de préférence en cuisson saignante ou médium-saignant.

Retirer du feu. Déposer dans un plat de service et couvrir lâchement d'une feuille d'aluminium pour laisser reposer quelques minutes avant de tailler.

Détailler en tranches coupées dans le sens contraire des fibres.

FRUITS DE MER À LA SALSA VERDE

4 PORTIONS

8 grosses crevettes (calibre 10/20)

8 gros pétoncles (calibre U10)

450 g (1 lb) de moules

2 citrons, en quartiers

4 tranches de pain, grillées

SALSA VERDE

60 ml (¼ tasse) de persil, finement haché

60 ml (¼ tasse) de menthe fraîche, finement hachée

60 ml (¼ tasse) de basilic frais, finement haché

2 gousses d'ail, finement hachées

15 ml (1 c. à s.) de câpres, rincées et égouttées, finement hachées

3 filets d'anchois égouttés, finement hachés

60 ml (¼ tasse) d'huile d'olive

15 ml (1 c. à s.) de vinaigre de vin rouge

5 ml (1 c. à t.) de moutarde de Dijon

Sel et poivre

Mélanger tous les ingrédients de la salsa verde dans un saladier et réserver au frais.

Préchauffer le barbecue à puissance moyenne.

Ébarber les moules, retirer celles qui sont ouvertes ou cassées et les déposer directement sur la grille jusqu'à ce qu'elles s'ouvrent. Retirer du feu, déposer sur une grande feuille d'aluminium. Jeter celles qui ne se sont pas ouvertes. Refermer en papillote et réserver au chaud sur la grille supérieure du barbecue.

Dans un grand bol, mélanger les crevettes et les pétoncles avec la moitié de la salsa verde.

Griller les crevettes et les pétoncles de 2 à 3 minutes de chaque côté, selon l'intensité de votre barbecue.

Servir les fruits de mer sur un lit de laitue et recouvrir de salsa verde.

Accompagner de quartiers de citron et de pain grillé.

BROCHETTES DE MORUE AUX FRUITS

4 PORTIONS

675 g (1 ½ lb) de filet de morue, taillé en rectangles de 2,5 cm (1 po) d'épaisseur et de 7,5 cm (3 po) de longueur

2 poires, épépinées, ou 2 pêches fraîches, taillées en 6 quartiers

2 oranges, taillées en 6 quartiers

1 courgette, taillée en 4 quartiers et en tronçons de 7,5 cm (3 po), blanchie

1 poivron rouge, épépiné, taillé en 8 quartiers

MARINADE

125 ml (½ tasse) de jus d'orange

30 ml (2 c. à s.) d'huile de canola

45 ml (3 c. à s.) d'oignon, haché finement

10 ml (2 c. à t.) de graines de coriandre, écrasées

5 ml (1 c. à t.) de poudre de cari

5 ml (1 c. à t.) de cumin, moulu

1 pincée de piment oiseau, haché (au goût)

60 ml (¼ tasse) de menthe fraîche, hachée

Sel et poivre

Enfiler les morceaux de morue sur les brochettes (voir note) en alternant avec les quartiers de fruits et de légumes.

Dans un bol, mélanger les ingrédients de la marinade.

Déposer les brochettes dans un plat. Couvrir de marinade et laisser mariner 24 heures.

Préchauffer le barbecue à puissance moyenne.

Retirer les brochettes de la marinade et égoutter.

Huiler la grille et griller les brochettes sur leurs deux faces principales jusqu'à légère coloration en badigeonnant régulièrement de marinade à l'aide d'un pinceau pendant la cuisson.

Note : enfiler les ingrédients sur une double brochette pour faciliter la manipulation sur le gril. Le poisson étant de texture tendre, utiliser une spatule de métal pour détacher la brochette et la retourner sans risquer de briser le poisson.

CREVETTES GÉANTES FAÇON DIABOLO ET COULIS DE MANGUE

4 PORTIONS

30 ml (2 c. à s.) d'huile d'olive

1 gousse d'ail, hachée

30 ml (2 c. à s.) de poivre noir

30 ml (2 c. à s.) de poivre rose

5 ml (1 c. à t.) de sel

15 ml (1 c. à s.) de paprika doux

12 grosses crevettes crues (calibre 10/12), décortiquées et déveinées

COULIS DE MANGUE

30 ml (2 c. à s.) de sirop d'érable

15 ml (1 c. à s.) de gingembre frais, râpé

Le jus de 3 limes

1 mangue, bien mûre, grossièrement hachée

Dans une petite poêle, réchauffer et griller légèrement, à sec, les deux poivres et le sel. Transférer dans un mortier et les écraser.

Dans un bol, mélanger les poivres et le paprika, ajouter l'huile et l'ail.

Bien enrober les crevettes de la préparation épicée. Laisser mariner environ 4 heures au réfrigérateur.

Dans un bol profond et étroit, mélanger le sirop d'érable, le gingembre et le jus de lime à l'aide d'un pied mélangeur. Ajouter les morceaux de mangue progressivement et mélanger jusqu'à consistance lisse.

Préchauffer le barbecue à puissance moyenne. Huiler la grille du barbecue et cuire les crevettes 3 minutes de chaque côté. Laisser tiédir.

Servir à l'apéro en présentation amusante, avec le coulis de mangue comme trempette.

MOULES AU BARBECUE

4 PORTIONS

2 kg (4 ½ lb) de moules

500 ml (2 tasses) de bière

1 bouquet de persil plat, haché

Sel et poivre

Nettoyer les moules et jeter celles qui sont brisées ou entrouvertes.

Déposer les moules dans un grand bol et verser la bière. Ajouter le persil.

Laisser reposer une heure au réfrigérateur.

Préparer les papillotes : découper huit feuilles de papier d'aluminium de 60 cm (24 po) de longueur. Superposer deux feuilles par papillote et former des bordures en repliant deux fois sur lui-même le pourtour de la double feuille d'aluminium avec un repli de 2,5 cm (1 po). Relever les bordures pour former un bassin.

Égoutter les moules en conservant la bière.

Répartir les moules dans les papillotes. Verser un peu de bière dans chacune. Refermer en joignant les bords opposés et en les repliant sur eux-mêmes à deux reprises pour fermer de façon hermétique.

Préchauffer le barbecue à puissance moyenne-élevée.

Déposer les papillotes et cuire de 8 à 10 minutes, sans les retourner.

PÉTONCLES EN BROCHETTE, SAUCE À L'AVOCAT

4 PORTIONS

8 gros pétoncles (calibre U10)

8 petites pommes de terre, en rondelles de 1 cm (⅜ po) d'épaisseur

3 oignons moyens, taillés en quartiers

4 tranches de bacon, coupées en deux par le milieu

MARINADE

4 échalotes vertes, émincées

60 ml (¼ tasse) de jus d'orange

60 ml (¼ tasse) de vin blanc

125 ml (½ tasse) de yogourt nature

30 ml (2 c. à s.) d'huile végétale

30 ml (2 c. à s.) de persil, haché

30 ml (2 c. à s.) de thym

Sel et poivre

30 ml (2 c. à s.) de beurre

SAUCE À L'AVOCAT

1 avocat mûr, broyé

10 ml (2 c. à t.) de jus de citron

1 gousse d'ail, émincée

45 ml (3 c. à s.) de mayonnaise

1,25 ml (¼ c. à t.) de Tabasco

Dans une casserole d'eau bouillante légèrement salée, cuire les tranches de pommes de terre 3 minutes. Retirer et égoutter.

Encercler chaque pétoncle d'une demi-tranche de bacon.

Utiliser deux tiges en parallèle pour monter les brochettes. Si vous utilisez des brochettes de bois, faites-les préalablement tremper 15 minutes dans l'eau tiède.

Enfiler d'abord un quartier d'oignon, puis une rondelle de pomme de terre et le pétoncle en transperçant la tranche de bacon. Laisser assez d'espace pour permettre au bacon de bien cuire. Enfiler une seconde rondelle de pomme de terre, le quartier d'oignon et le deuxième pétoncle. Terminer avec une rondelle de pomme de terre et un quartier d'oignon. Déposer les brochettes dans un récipient à mariner.

Dans un bol, mélanger les ingrédients de la marinade et verser sur les brochettes. Laisser mariner 24 heures. Tourner les brochettes de temps à autre.

30 minutes avant de mettre à cuire les brochettes, mélanger les ingrédients de la sauce à l'avocat et réserver à température ambiante.

Préchauffer le barbecue à puissance moyenne.

Retirer les brochettes de la marinade et griller de 3 à 4 minutes de chaque côté, selon la puissance du barbecue.

Au service, déposer les brochettes sur la sauce à l'avocat.

PAVÉS DE SAUMON AUX TOMATES

4 PORTIONS

5 ml (1 c. à t.) d'huile d'olive

4 pavés de saumon de 140 g (5 oz) chacun

Sel et poivre

SAUCE

3 tomates, hachées grossièrement

30 ml (2 c. à s.) de tomates séchées, émincées

1 gousse d'ail, hachée

1 échalote française, hachée

2,5 ml (½ c. à t.) de basilic, haché

2,5 ml (½ c. à t.) de persil, haché

1,25 ml (¼ c. à t.) de sauce Worcestershire

Préchauffer le barbecue à puissance moyenne.

Badigeonner d'huile la grille du barbecue.

Cuire les pavés de saumon 3 minutes de chaque côté pour une cuisson rosée à coeur ou 4 minutes pour une cuisson médium. Retirer. Saler et poivrer. Couvrir de papier d'aluminium et laisser reposer 4 minutes.

Entre-temps, dans une petite casserole, cuire les ingrédients de la sauce à feu doux de 3 à 5 minutes.

Servir les pavés, nappés de la tombée de tomates aux herbes.

DORÉ EN PAPILLOTE

4 PORTIONS

1 filet de doré de 450 g (1 lb)

125 ml (½ tasse) de bouillon de légumes

1 carotte de taille moyenne, en julienne

1 oignon de taille moyenne, en rondelles

1 tomate, en dés

15 ml (1 c. à s.) d'estragon, haché

Sel et poivre

Préchauffer le four à 175 °C (350 °F) ou le barbecue à puissance moyenne.

Placer le filet de doré au centre d'une grande feuille de papier d'aluminium. Replier les bords de façon à former une papillote. Verser le bouillon sur le poisson. Couvrir de julienne de carotte, de rondelles d'oignon et de dés de tomate. Parsemer d'estragon. Saler et poivrer.

Refermer la papillote et cuire au four ou au barbecue 15 minutes.

Retirer de la chaleur. Entrouvrir légèrement la papillote pour laisser la vapeur s'échapper et laisser reposer 4 minutes.

Accompagner de légumes grillés. (voir page 92)

CARRÉ DE PORC RÔTI ET SAUCE AIGRE-DOUCE AUX FRAMBOISES

4 PORTIONS

1 carré de porc de 4 côtes, d'environ 900 g (2 lb)

15 ml (1 c. à s.) d'huile d'olive

1 oignon, coupé en 8

1 contenant de framboises

Sel et poivre

SAUCE AIGRE-DOUCE

125 ml (½ tasse) de sirop d'érable

60 ml (¼ tasse) de vinaigre de framboise

2,5 ml (½ c. à t.) de sauce soya

Préparer la sauce : dans une casserole, amener le sirop d'érable et le vinaigre de framboise à ébullition. Laisser réduire de moitié et ajouter la sauce soya. Mélanger et laisser refroidir dans la casserole.

Préchauffer le four à 200 °C (400 °F). Saler et poivrer le carré de porc.

Dans une poêle allant au four, chauffer l'huile à feu moyen et saisir le porc sur toutes les faces. Dégraisser au besoin. Ajouter l'oignon. Badigeonner le rôti de la sauce aigre-douce.

Cuire au four environ 25 minutes à découvert en arrosant plusieurs fois. Vérifier la température interne avec un thermomètre à viande. La température interne au centre de la pièce doit atteindre 63 °C (145 °F) pour une cuisson rosée et on arrive au bien cuit à 70 °C (158 °F).

Retirer le carré de la poêle, le déposer sur une planche à découper et le recouvrir lâchement de papier d'aluminium. Laisser reposer 10 minutes.

Ajouter délicatement les framboises à la sauce et servir avec l'oignon.

Note : cette recette se réalise tout aussi bien au barbecue. Préchauffer le barbecue à puissance moyenne-élevée, soit 200 °C (400 °F). Saisir le porc sur toutes ses faces en cuisson directe avant l'arrosage. Déposer sur une feuille d'aluminium et cuire à couvercle fermé en cuisson indirecte après l'avoir badigeonné avec la sauce aigre-douce. Répéter le badigeonnage à quelques reprises pendant la cuisson pour obtenir un laquage uniforme. Après 25 minutes, vérifier la température interne à l'aide d'un thermomètre à viande. Poursuivre la cuisson au besoin pour atteindre les températures internes données ci-haut.

CÔTELETTES DE PORC FARCIES AUX AMANDES

4 PORTIONS

4 côtelettes de porc de 2,5 cm (1 po) d'épaisseur

1 échalote française, hachée

1 gousse d'ail, hachée

1 poireau, émincé, cuit à la vapeur

45 ml (3 c. à s.) d'amandes effilées, grillées

Sel et poivre

5 ml (1 c. à t.) d'huile d'olive

SAUCE

125 ml (½ tasse) de bouillon de boeuf

2,5 ml (½ c. à t.) d'essence d'amande

15 ml (1 c. à s.) de fécule de maïs

30 ml (2 c. à s.) d'eau

Sel et poivre

Retirer l'excédent de gras des côtelettes. Faire une incision latérale à mi-épaisseur dans chaque côtelette de manière à créer une poche dans laquelle insérer la préparation suivante.

Dans un bol, mélanger l'échalote, l'ail, la moitié du poireau et la moitié des amandes. Saler et poivrer. Farcir chaque côtelette de cette préparation.

Dans une poêle à revêtement antiadhésif, à feu moyen, chauffer l'huile d'olive. Cuire les côtelettes farcies de 3 à 4 minutes de chaque côté, selon le degré de cuisson désiré.

Déposer dans une assiette. Saler et poivrer. Couvrir de papier d'aluminium et laisser reposer 5 minutes.

Entre-temps, dans une casserole, porter à ébullition le bouillon et l'essence d'amande. Laisser mijoter à feu doux 5 minutes.

Ajouter la fécule délayée dans l'eau. Lier. Saler et poivrer. Ajouter le reste des poireaux et des amandes. Poursuivre la cuisson 2 minutes.

Servir les côtelettes accompagnées de sauce.

MÉDAILLONS DE PORC À LA CRÈME DE BRIE

4 PORTIONS

5 ml (1 c. à t.) d'huile d'olive

450 g (1 lb) de longe de porc, en médaillons d'environ 2,5 cm (1 po) d'épaisseur

Sel et poivre

60 g (2 oz) de fromage brie, tranché très finement

CRÈME DE BRIE

125 ml (½ tasse) de bouillon de poulet

45 ml (3 c. à s.) de crème 35 %

30 g (1 oz) de fromage brie, en dés

5 ml (1 c. à t.) de fécule de maïs

10 ml (2 c. à t.) d'eau

Dans une poêle à revêtement antiadhésif, chauffer l'huile à feu moyen-vif. Saisir les médaillons de porc environ 3 minutes de chaque côté. Saler et poivrer.

Retirer de la poêle et déposer dans un plat. Couvrir chaque médaillon d'une tranche de brie. Couvrir le plat de papier d'aluminium et laisser reposer 5 minutes.

Dans la poêle, verser le bouillon de poulet et la crème. Incorporer le brie en dés. À feu moyen, poursuivre la cuisson 2 minutes en remuant constamment.

Ajouter la fécule délayée dans l'eau. Lier. Saler et poivrer. Poursuivre la cuisson 2 minutes en remuant constamment.

Servir les médaillons nappés de sauce.

Note : cette recette peut également se faire au barbecue, préchauffé à puissance moyenne-élevée. Saisir les médaillons 3 minutes sur une face, retourner, déposer les tranches de brie et poursuivre la cuisson 2 à 3 minutes, selon l'intensité du barbecue. Laisser ensuite reposer dans un plat de service recouvert d'aluminium environ 5 minutes avant de servir. La sauce sera préparée à part dans une casserole, tel que décrit précédemment.

CÔTES LEVÉES DE PORC TERIYAKI

4 PORTIONS

1,4 kg (3 lb) de côtes levées de porc

60 ml (¼ tasse) de sauce soya

125 ml (½ tasse) d'oignon, tranché
    finement

30 ml (2 c. à s.) de cassonade,
    tassée

1 gousse d'ail, émincée

5 ml (1 c. à t.) de gingembre, râpé

2,5 ml (½ c. à t.) de sel

15 ml (1 c. à s.) de xérès

750 ml (3 tasses) de jus d'orange

30 ml (2 c. à s.) de fécule de maïs

30 ml (2 c. à s.) d'eau

Préchauffer le four à 205°C (400°F).

Couper chaque train de côtes en deux par le milieu. Séparer ensuite en sections d'environ 7,5 cm (3 po). Déposer dans un fait-tout d'environ 4 L (3 pintes).

Dans un bol, mélanger la sauce soya, l'oignon, la cassonade, l'ail, le gingembre, le sel, le xérès et le jus d'orange. Verser sur les côtes levées. Couvrir. Faire cuire 1 heure en retournant les côtes toutes les 20 minutes.

Délayer la fécule de maïs dans l'eau. Réserver.

Dresser les côtes levées dans un plat de service. Garder au chaud.

Dégraisser la sauce.

Ajouter la fécule de maïs délayée. Cuire à feu vif en remuant 5 minutes ou jusqu'à ce que la sauce épaississe.

Verser sur les côtes levées.

CÔTELETTES DE VEAU

4 PORTIONS

340 ml (12 oz.) de bière brune

60 ml (¼ tasse) d'huile végétale

30 ml (2 c. à s.) de sauce soya

4 côtelettes de veau de 2,5 cm
   (1 po) d'épaisseur

Sel et poivre

15 ml (1 c. à s.) de beurre

15 ml (1 c. à s.) de farine

60 ml (¼ tasse) de câpres au vinaigre

Dans un plat, mélanger la bière, l'huile et la sauce soya. Déposer les côtelettes de veau et laisser mariner 2 heures.

Dans un bol, mélanger le beurre et la farine. Réserver.

Préchauffer le barbecue à puissance moyenne. Huiler la grille.

Égoutter et éponger les côtelettes de veau. Saler et poivrer. Griller les côtelettes 4 minutes de chaque côté. Après 2 minutes, tourner d'un quart de tour.

Retirer du feu et déposer dans un plat de service recouvert de papier d'aluminium. Laisser reposer 5 minutes.

Entre-temps, dans une petite casserole, chauffer à feu doux la moitié de la marinade. Incorporer le mélange de beurre et de farine. Remuer 2 minutes à l'aide d'un fouet.

Au service, verser la sauce sur les côtelettes et garnir de câpres.

MÉDAILLONS DE VEAU À LA RHUBARBE

4 PORTIONS

5 ml (1 c. à t.) d'huile d'olive

12 médaillons de veau de 45 g
(1 ½ oz) chacun, d'une épaisseur
de 2,5 cm (1 po), taillés dans le filet

Sel et poivre

1 gousse d'ail, hachée

1 oignon, haché

15 ml (1 c. à s.) de moutarde forte

30 ml (2 c. à s.) de sirop d'érable

15 ml (1 c. à s.) de sauce soya

125 ml (½ tasse) de rhubarbe pelée,
en dés

250 ml (1 tasse) de bouillon de bœuf

Dans une poêle à revêtement antiadhésif, chauffer l'huile à feu moyen.

Cuire les médaillons 2 minutes de chaque côté. Retirer du feu. Saler et poivrer. Réserver dans un plat de service recouvert de papier d'aluminium.

Remettre la poêle sur le feu. Faire revenir l'ail et l'oignon 2 minutes, en remuant constamment. Ajouter la moutarde, le sirop d'érable, la sauce soya et la rhubarbe et bien mélanger.

Poursuivre la cuisson 2 minutes à feu doux en remuant continuellement.

Verser le bouillon. Poursuivre la cuisson 5 minutes en remuant de temps à autre.

Remettre les médaillons dans la sauce. Poursuivre la cuisson 1 minute en les retournant une fois.

Servir les médaillons nappés de sauce.

Note : cette recette se réalise tout aussi bien avec le filet de porc.

AILES ET PILONS DE POULET AUX HERBES

4 PORTIONS

900 g (2 lb) d'ailes et de pilons de poulet

15 ml (2 c. à s.) d'huile d'olive

180 ml (¾ tasse) de chapelure assaisonnée

2,5 ml (½ c. à t.) de paprika, de poudre d'oignon et de poudre d'ail

1,25 ml (¼ c. à t.) de sel et de poivre

180 ml (¾ tasse) de bouillon de poulet

45 ml (3 c. à s.) de riz à cuisson rapide

15 ml (1 c. à s.) d'un mélange de persil, d'estragon et de fenouil, hachés

2,5 ml (½ c. à t.) de gingembre, râpé

Préchauffer le four à 175°C (350°F).

Badigeonner d'huile les ailes et les pilons de poulet.

Dans un bol, mélanger la chapelure assaisonnée, le paprika, la poudre d'oignon, la poudre d'ail, le sel et le poivre. Enrober les pièces de poulet de ce mélange. Déposer dans une lèchefrite légèrement badigeonnée d'huile.

Cuire au four 10 minutes. Retourner et poursuivre la cuisson 10 minutes.

Entre-temps, dans une casserole, porter à ébullition le bouillon de poulet. Ajouter le riz. Laisser mijoter 10 minutes à feu doux. Retirer du feu. À l'aide d'un mélangeur électrique, réduire en purée lisse. Couvrir et laisser reposer 10 minutes.

Retirer la lèchefrite du four et couvrir de papier d'aluminium. Laisser reposer 5 minutes.

Entre-temps, dans un bol, mélanger les herbes et le gingembre.

Au service, verser la purée de riz sur les ailes et les pilons et garnir du mélange d'herbes et de gingembre.

Note : cette recette peut également s'exécuter au barbecue, à puissance moyenne. Le temps de cuisson en sera légèrement prolongé et il est préférable de badigeonner d'huile les ailes et les pilons à quelques reprises durant la cuisson.

BROCHETTES DE POULET AU YOGOURT ÉPICÉ

4 PORTIONS

2 poitrines de poulet, taillées en cubes d'environ 3,75 cm (1 ½ po)

250 ml (1 tasse) de yogourt nature

5 ml (1 c. à t.) de flocons de piment séché

15 ml (1 c. à s.) de cumin moulu

15 ml (1 c. à s.) de coriandre moulue

15 ml (1 c. à s.) de curcuma moulu

YOGOURT ÉPICÉ

250 ml (1 tasse) de yogourt nature

60 ml (¼ tasse) de feuilles de menthe fraîche, hachées

1 gousse d'ail, hachée

15 ml (1 c. à s.) de jus de citron

Quelques feuilles de coriandre fraîche, hachées

Dans un bol, faire mariner les cubes de poulet avec le yogourt, les flocons de piment séché, le cumin, la coriandre et le curcuma 30 minutes au réfrigérateur.

Dans un bol, mélanger le yogourt, la menthe, l'ail, le jus de citron et la coriandre. Réserver.

Préchauffer le barbecue à puissance moyenne.

Égoutter les cubes et les enfiler sur des brochettes.

Cuire au barbecue 2 minutes sur chaque face.

Servir les brochettes avec le yogourt épicé.

ESCALOPES DE POULET AU ROMARIN

4 PORTIONS

125 gr (½ tasse) de farine

10 ml (2 c. à t.) d'huile d'olive

3 demi-poitrines de poulet, chacune taillée en 4 petites escalopes de 1,25 cm (½ po) d'épaisseur

Sel et poivre

SAUCE AU ROMARIN

1 gousse d'ail, hachée

125 ml (½ tasse) de vin blanc sec

180 ml (¾ tasse) de bouillon de poulet

5 ml (1 c. à t.) de persil, haché

2,5 ml (½ c. à t.) de romarin, haché

15 ml (1 c. à s.) de fécule de maïs

30 ml (2 c. à s.) d'eau

Saler et poivrer la farine et enfariner légèrement les escalopes de poulet.

Dans une poêle à revêtement antiadhésif, chauffer l'huile à feu moyen. Faire revenir les escalopes 2 minutes de chaque côté. Saler et poivrer. Retirer de la poêle et déposer dans une grande assiette. Recouvrir de papier d'aluminium et laisser reposer 5 minutes.

Remettre la poêle sur le feu. Faire revenir l'ail 1 minute en remuant de temps à autre.

Déglacer la poêle avec le vin blanc. Laisser réduire le vin de moitié. Ajouter le bouillon, le persil et le romarin. Poursuivre la cuisson à feu moyen-élevé 5 minutes.

Ajouter la fécule de maïs préalablement délayée dans l'eau. Lier. Saler et poivrer. Poursuivre la cuisson 2 minutes en remuant de temps à autre. Retirer du feu.

Servir les escalopes nappées de sauce au romarin.

POITRINES DE POULET MARINÉES, EN GRILLADE

4 PORTIONS

250 ml (1 tasse) de bière blonde

60 ml (¼ tasse) de sauce soya

125 ml (½ tasse) de bouillon de légumes

4 demi-poitrines de poulet de 115 g (4 oz) chacune

Sel et poivre

80 ml (⅓ tasse) de yogourt nature

1 gousse d'ail, hachée

Dans un bol en verre, mélanger la bière, 45 ml (3 c. à s.) de sauce soya et le bouillon de légumes.

Retirer la peau et le gras des demi-poitrines de poulet. Déposer les demi-poitrines dans la marinade. Couvrir et laisser mariner 6 heures au réfrigérateur.

Retirer les poitrines de la marinade et bien les assécher.

Badigeonner une poêle antiadhésive d'huile d'olive. Cuire les poitrines 5 minutes de chaque côté. Saler et poivrer. Retirer de la poêle et déposer dans une grande assiette. Couvrir de papier d'aluminium et laisser reposer 5 minutes.

Entre-temps, dans un bol, mélanger le reste de la sauce soya, le yogourt et l'ail. Saler et poivrer.

Servir les poitrines nappées de sauce.

POULET À LA BIÈRE AU BARBECUE

4 PORTIONS

1 poulet d'environ 1,6 Kg (3,5 lb)

1 canette de bière rousse de 340 ml (12 oz)

MÉLANGE À FROTTER

30 ml (2 c. à s.) de cassonade

30 ml (2 c. à s.) de paprika

15 ml (1 c. à s.) de sel

15 ml (1 c. à s.) de poivre

5 ml (1 c. à t.) de poudre d'ail

5 ml (1 c. à t.) de poudre d'oignon

10 ml (2 c. à t.) de zestes de citron

Dans un bol, mélanger tous les ingrédients du mélange à frotter.

Assaisonner généreusement l'intérieur du poulet avec le tiers de la préparation épicée.

Ficeler le poulet et frotter l'extérieur du poulet avec un autre tiers de la préparation épicée.

Retirer un peu de bière de la canette et y verser le dernier tiers de la préparation épicée.

Déposer le poulet à la verticale sur la canette de bière de manière à ce que la canette s'insère dans la cavité du poulet. Placer sur une lèchefrite occupant la moitié de la grille du barbecue.

Préchauffer le barbecue à puissance élevée, à couvercle fermé. Fermer le feu d'un côté du barbecue, tout en maintenant l'autre côté à pleine puissance. Lever le couvercle, déposer la lèchefrite en retrait de la source de chaleur et refermer aussitôt pour ne pas perdre trop de chaleur.

Cuire de 1 ½ à 2 heures selon la puissance du barbecue.

Pour le service, retirer la canette du poulet avec précaution et le découper en quartiers.

POULET EN CRAPAUDINE, SAUCE CHIMICHURRI

4 PORTIONS

1 poulet d'environ 1,6 Kg
(3,5 lb)

MARINADE

60 ml (¼ tasse) d'huile d'olive

15 ml (1 c. à s.) de piment chili, broyé

15 ml (1 c. à s.) de paprika

1 gousse d'ail, hachée

1 citron

125 ml (½ tasse) de vin blanc

Sel et poivre

SAUCE CHIMICHURRI

250 ml (1 tasse) de persil plat, frais, lavé et équeuté

250 ml (1 tasse) de feuilles de coriandre fraîche, lavées et équeutées

180 ml (¾ tasse) de feuilles de menthe fraîche, lavées et équeutées

4 gousses d'ail, hachées

5 ml (1 c. à t.) de sel

2,5 ml (½ c. à t.) de poivre

1 piment chili, séché et broyé

250 ml (1 tasse) d'huile d'olive

60 ml (¼ tasse) de vinaigre blanc

60 ml (¼ tasse) d'eau froide

À l'aide de ciseaux à volaille ou d'un couteau de chef, retirer la colonne vertébrale en posant le poulet sur le dos et, par la cavité, en pratiquant une entaille sur toute la longueur du poulet de chaque côté de l'os. Retourner le poulet, terminer la découpe de l'os et le retirer. Replacer le poulet, peau sur le dessus et côté intérieur sur le plan de travail. Écraser le poulet à plat pour bien l'ouvrir.

Avec les doigts, décoller la peau de la chair de chaque côté du bréchet et la soulever délicatement sans la déchirer pour libérer la poitrine.

Préparer la marinade en versant les ingrédients dans un plat à rebords assez grand pour recevoir le poulet ouvert en crapaudine. Bien mélanger tous les ingrédients. Déposer le poulet dans le plat à mariner, faire pénétrer la marinade sous la peau et en badigeonner toute la surface du poulet. Couvrir et laisser mariner 6 heures au réfrigérateur. Retirer le poulet de la marinade et égoutter. Réserver la marinade.

Pendant la cuisson du poulet, vous aurez soin de verser la marinade dans une petite casserole et de la porter à ébullition pendant 5 minutes en remuant souvent. Réserver pour en badigeonner le poulet après l'avoir retourné.

Préchauffer le barbecue à puissance élevée, à couvercle fermé. Fermer le feu d'un côté du barbecue, tout en maintenant l'autre côté à pleine puissance. Lever le couvercle, déposer le poulet côté peau sur la grille, en retrait de la source de chaleur, et refermer aussitôt pour ne pas perdre trop de chaleur.

Griller le poulet environ 40 minutes. Lever le couvercle, retourner le poulet en décollant délicatement la peau qui pourrait avoir adhéré à la grille. Retourner sur l'autre face, et griller de 15 à 20 minutes, après avoir badigeonné la peau de marinade.

POUR LA SAUCE :

Dans le robot culinaire, hacher le persil, la coriandre, la menthe et l'ail.

Ajouter le sel, le poivre et le piment.

Ajouter l'huile, le vinaigre et l'eau.

Mélanger jusqu'à ce que la sauce épaississe en s'émulsionnant.

Penne, sauce au brocoli, chèvre et amandes grillées

PÂTES

Cheveux d'ange, prosciutto et melon   75

Pâtes au saumon fumé, façon Alfredo   76

Pennes, sauce au brocoli, chèvre et amandes grillées   77

Tagliatelles aux petits légumes   76

CHEVEUX D'ANGE, PROSCIUTTO ET MELON

4 PORTIONS

250 ml (1 tasse) de bouillon de poulet

30 ml (2 c. à s.) de beurre

450 g (1 lb) de pâtes alimentaires, type cheveux d'ange

½ cantaloup, coupé en petits cubes

½ melon miel, coupé en petits cubes

1 poivron rouge, coupé en cubes

Sel et poivre

6 tranches de prosciutto

60 ml (¼ tasse) de parmesan râpé

Persil, haché

Préchauffer le four à 175 °C (350 °F).

Déposer les tranches de prosciutto sur une plaque allant au four. Enfourner au centre du four et cuire de 10 à 12 minutes en retournant une fois à mi-cuisson pour obtenir un prosciutto séché et croustillant. Réserver sur un papier absorbant. Laisser refroidir et émietter grossièrement.

Dans une casserole, cuire les cheveux d'ange dans l'eau bouillante salée. Égoutter et réserver.

Dans une grande poêle, amener le bouillon à ébullition. Ajouter le beurre et laisser réduire 3 minutes. Transférer les pâtes dans la poêle.

Ajouter les melons et le poivron et laisser mijoter doucement pendant une minute. Saler et poivrer au goût.

Décorer de prosciutto séché, saupoudrer de parmesan et garnir de persil haché.

PÂTES AU SAUMON FUMÉ, FAÇON ALFREDO

4 PORTIONS

450 g (1 lb) de farfalles

125 ml (½ tasse) de vin blanc

1 petit oignon, haché finement

1 gousse d'ail, hachée finement

125 ml (½ tasse) de bouillon de volaille

60 ml (¼ tasse) de crème 35 %

30 ml (2 c. à s.) de parmesan, râpé

250 g (½ lb) de saumon fumé, coupé en languettes

5 ml (1 c. à t.) d'aneth

Sel et poivre

1 tomate, en petits dés

Dans une grande casserole d'eau bouillante salée, cuire les farfalles.

Entre-temps, dans une casserole, amener le vin blanc à ébullition. Ajouter l'oignon et l'ail et cuire 3 minutes.

Ajouter le bouillon de volaille et laisser réduire d'un tiers. Ajouter la crème, le parmesan, l'aneth, le sel et le poivre. Laisser mijoter à feu doux 5 minutes. Ajouter le saumon et fermer le feu.

Égoutter les pâtes et les replacer dans la grande casserole. Ajouter le mélange de saumon et remuer délicatement.

Au service, décorer de dés de tomate.

TAGLIATELLES AUX PETITS LÉGUMES

4 PORTIONS

15 ml (1 c. à s.) d'huile d'olive

60 ml (¼ tasse) de carotte, en julienne

60 ml (¼ tasse) de courgette, en julienne

60 ml (¼ tasse) de poireau, en julienne

60 ml (¼ tasse) de navet, en julienne

2 tomates, en dés

1 gousse d'ail, hachée

Sel et poivre

225 g (8 oz) de tagliatelles de couleurs variées

15 ml (1 c. à s.) d'origan, haché

Dans une casserole d'eau bouillante salée, cuire les tagliatelles. Égoutter et réserver.

Entre-temps, dans une casserole à revêtement antiadhésif, chauffer l'huile à feu moyen.

Faire revenir la carotte, la courgette, le poireau, le navet et l'ail 3 minutes en remuant de temps à autre. Ajouter les dés de tomates.

Saler et poivrer.

Ajouter les tagliatelles et l'origan. Réchauffer à feu doux.

PENNES, SAUCE AU BROCOLI, CHÈVRE ET AMANDES GRILLÉES

4 PORTIONS

225 g (½ lb) de pennes

250 ml (2 tasses) de petits bouquets de brocoli

15 ml (1 c. à s.) d'huile d'olive

125 ml (½ tasse) de vin blanc

250 ml (1 tasse) de bouillon de poulet

30 ml (2 c. à s.) de jus de citron

100 g (¼ lb) de fromage de chèvre à texture ferme, émietté

30 ml (2 c. à s.) d'amandes en bâtonnets, grillées

Ciboulette, ciselée

Dans une casserole d'eau salée, faire cuire les pennes. Réserver.

Dans une poêle, chauffer l'huile et sauter le brocoli 2 à 3 minutes. Réserver.

Déglacer la poêle au vin blanc et laisser réduire de moitié.

Ajouter le bouillon de poulet, amener à ébullition et laisser réduire de moitié. Ajouter le jus de citron. Rectifier l'assaisonnement.

Mettre les pennes à réchauffer dans la sauce.

Ajouter le brocoli, le fromage émietté, les amandes et la ciboulette aux pâtes chaudes.

Verser dans un plat de service (ou une soupière) préalablement réchauffé et muni d'un couvercle.

Pizza sur pita ou pain naan

SANS VIANDE

Frittata à l'aubergine, à la courgette
et au poivron rouge   80

Muffin anglais, tomates, parmesan et roquette   82

Pizza sur pita ou pain naan   83

FRITTATA À L'AUBERGINE, À LA COURGETTE ET AU POIVRON ROUGE

6 œufs

60 ml (4 c. à s.) de lait

1 gousse d'ail, hachée

4 feuilles de basilic, hachées

15 ml (1 c. à s.) de persil, haché

1,25 ml (¼ c. à t.) de sel

1,25 ml (¼ c. à t.) de poivre

45 ml (3 c. à s.) d'huile d'olive

30 ml (2 c. à s.) de beurre

375 ml (1 ½ tasse) d'aubergine, en cubes

½ oignon rouge, en dés

2 courgettes, coupées en demi-rondelles

1 poivron rouge, coupé en dés

6 tomates cerises, coupées en deux

125 ml (½ tasse) de parmesan, râpé

Dans un grand bol, battre les œufs avec le basilic, le persil, le lait, le sel et le poivre. Réserver.

Dans une poêle, à feu moyen, chauffer la moitié de l'huile d'olive et le quart du beurre. Y faire sauter l'ail et l'aubergine 4 à 5 minutes. Réserver.

Verser dans la poêle l'autre moitié de l'huile et un autre quart du beurre. Faire revenir l'oignon, la courgette et le poivron rouge 4 à 5 minutes. Réserver.

Réduire le feu. Mettre le restant du beurre dans la poêle et laisser mousser pour détacher les sucs de cuisson.

Verser le mélange d'oeufs dans la poêle. A l'aide d'une spatule, cuire doucement en repoussant légèrement vers le centre la partie plus consistante du mélange qui s'est formée tout autour de la poêle pour permettre à la partie encore liquide du mélange d'entrer en contact avec le fond de la poêle. Répéter cette opération une autre fois durant la cuisson afin d'éliminer presque tout le liquide du mélange, tout en cherchant à obtenir une cuisson légèrement moins ferme que celle désirée. Répartir les légumes chauds sur le mélange d'oeufs. Ajouter les demi tomates.

Parsemer de parmesan.

Placer sous le gril du four quelques instants pour dorer la surface de la frittata.

MUFFIN ANGLAIS, TOMATES, PARMESAN ET ROQUETTE

4 PORTIONS

4 muffins anglais

30 ml (2 c. à s.) de beurre mou

4 feuilles de basilic, émincées

2 tomates, tranchées finement

Sel et poivre

250 ml (1 tasse) de parmesan, râpé

15 ml (1 c. à s.) de vinaigre de cidre

30 ml (1 c. à s.) d'huile de noix

Sel et poivre

250 ml (1 tasse) de roquette

Préchauffer le barbecue à puissance moyenne.

Tailler les muffins anglais en deux dans le sens de l'épaisseur pour obtenir 8 pains.

Dans un petit bol, mélanger le beurre et le basilic. Badigeonner chaque pain de cette préparation.

Disposer les tranches de tomate sur chaque pain. Saler et poivrer.

Couvrir de parmesan. Réserver.

Dans un bol, mélanger le vinaigre de cidre et l'huile de noix. Saler et poivrer. Réserver.

Placer les moitiés de muffin sur la grille du barbecue et cuire jusqu'à ce que le fromage soit fondu.

Entre-temps, dans un bol, mélanger la roquette et la vinaigrette.

Servir en disposant une portion de roquette sur chaque pain.

PIZZA SUR PITA OU PAIN NAAN

4 PORTIONS

4 pains pita ou 4 pains naan

250 ml (1 tasse) de sauce tomate épicée (voir page 127)

1 oignon, en fines lamelles

1 poivron rouge, en fines lamelles

12 tomates cerises, coupées en deux

12 olives noires, dénoyautées et coupées en deux

8 cœurs d'artichaut, en quartiers

Feuilles de basilic et/ou d'origan frais

Sel et poivre

250 ml (1 tasse) de fromage mozzarella rapé

60 ml (¼ tasse) de fromage parmesan rapé

Déposer les pains sur une plaque allant au four ou au barbecue.

Étaler la sauce tomate sur chaque pain.

Répartir les légumes, les olives et les quartiers d'artichauts sur chaque pain.

Garnir chaque pain de fromage mozzarella et de parmesan.

Saler et poivrer au goût.

Cuire au barbecue à puissance moyenne et à chaleur indirecte à 180°C (375°F) pendant 15 minutes ou au four à 175°C (350°F) une quinzaine de minutes ou jusqu'à ce que le fromage soit fondu et légèrement doré.

Garnir de feuilles de basilic et/ou d'origan frais avant de servir.

*Betteraves, vinaigrette
au miel et au piment*

ACCOMPAGNEMENTS

ASPERGES AUX AGRUMES

4 PORTIONS

2 oranges

60 ml (¼ tasse) de mayonnaise

Sel et poivre

24 asperges

15 ml (1 c. à s.) de ciboulette, ciselée

Peler les oranges à vif et prélever les suprêmes. Réserver le jus.

Dans un bol, mélanger la mayonnaise et le jus des oranges. Saler et poivrer.

Si vos asperges sont de diamètre assez volumineux et que leurs bases vous semblent fibreuses, plier doucement la tige à la base pour qu'elle se casse au point de moindre résistance. Retirer la fine membrane qui recouvre la tige à l'aide d'un éplucheur à légume. Cuire les asperges à la vapeur. Réserver et laisser tiédir ou refroidir.

Dresser dans un plat de service en décorant les asperges de suprêmes d'orange, d'un filet de mayonnaise à l'orange et de ciboulette ciselée.

BETTERAVES, VINAIGRETTE AU MIEL ET AU PIMENT

4 PORTIONS

450 g (1 lb) de betteraves de grosseur moyenne, rouges ou jaunes

60 ml (¼ tasse) de vinaigre de cidre

60 ml (¼ tasse) de miel

15 ml (1 c. à s.) de graines de moutarde

1 branche de 5 cm (2 po) de romarin frais

1,25 ml (¼ c. à t.) de piment séché

60 ml (¼ tasse) de noix de Grenoble, concassées

Dans une casserole, cuire les betteraves dans l'eau légèrement salée. Retirer, laisser tiédir, peler et mettre à refroidir.

Trancher les betteraves et les déposer dans une assiette de service. Réfrigérer au moins 1 heure avant de servir.

Dans un bol, mélanger le vinaigre de cidre, le miel, les graines de moutarde, les feuilles de romarin et le piment. Fouetter pour bien incorporer les ingrédients et laisser reposer 30 minutes.

Juste avant de servir, verser la vinaigrette sur les betteraves et décorer de noix de Grenoble concassées.

Asperges aux agrumes

COURGETTES ET POIVRONS FARCIS

8 PORTIONS (EN ACCOMPAGNEMENT)
4 PORTIONS (EN PLAT PRINCIPAL)

30 ml (2 c. à s.) d'huile d'olive

2 tranches de bacon, coupées
    en dés

1 oignon, haché finement

1 gousse d'ail, émincée finement

450 g (1 lb) de bœuf haché

180 ml (¾ tasse) de riz, cuit

500 ml (2 tasses) de tomates,
    en cubes

30 ml (2 c. à s.) de sauce
    Worcestershire

Sel et poivre

250 ml (1 tasse) de cheddar, râpé

2 grosses courgettes et 2 poivrons
    rouges, coupés en deux

Placer la grille au tiers supérieur du four et préchauffer le four à broil.

Évider les coeurs de courgettes et retirer la membrane blanche et les graines des poivrons rouges.

Placer les demi-poivrons, sur leur peau, sur une plaque à biscuits et laisser griller sous le grill 5 minutes. Éteindre le four. Laisser les poivrons s'amollir à la chaleur du four 5 minutes de plus, porte entrouverte. Retirer du four et réserver.

Entre-temps, dans une poêle, chauffer l'huile d'olive et faire revenir le bacon, l'oignon et l'ail.

Ajouter le bœuf haché et cuire jusqu'à légère coloration de la viande.

Ajouter le riz, les morceaux de tomate et la sauce Worcestershire. Saler et poivrer.

Farcir les demi-courgettes et demi-poivrons de ce mélange.

Recouvrir de cheddar râpé.

Placer les demi-courgettes et demi-poivrons sur une plaque à biscuits et cuire au four 20 minutes à 175°C (350°F).

Note : cette recette peut également se terminer au barbecue, en déposant les demi-courgettes et demi-poivrons sur la grille du barbecue préchauffé à puissance moyenne. Laisser griller à couvercle fermé jusqu'à bonne coloration de la peau, de 5 à 7 minutes, selon la puissance de votre appareil. Ce plat peut aussi être servi en plat principal accompagné d'une salade verte arrosée d'une simple vinaigrette à l'huile et au vinaigre de votre choix.

ÉMINCÉ DE CONCOMBRE
À LA CIBOULETTE

4 PORTIONS

45 ml (3 c. à s.) de beurre

2 concombres, pelés, épépinés et coupés en dés

30 ml (2 c. à s.) de ciboulette, hachée

60 ml (¼ tasse) de crème 35 %

1 pincée de muscade

Sel et poivre

Dans une poêle, faire fondre le beurre. Faire revenir les dés de concombres jusqu'à ce qu'ils deviennent translucides.

Ajouter la ciboulette, la crème et la muscade. Saler et poivrer au goût.

Chauffer à feu doux environ 3 minutes, sans cesser de remuer.

TÊTES DE VIOLON
ET HARICOTS EN SAUCE

4 PORTIONS

250 ml (1 tasse) de têtes de violon (en saison)

250 ml (1 tasse) de haricots verts, équeutés

180 ml (¾ tasse) de bouillon de poulet

1,25 ml (¼ c. à t.) d'estragon, haché

1,25 ml (¼ c. à t.) de coriandre, hachée

2,5 ml (½ c. à t.) de cerfeuil, haché

Poivre du moulin

10 ml (2 c. à t.) de fécule de maïs

30 ml (2 c. à s.) d'eau froide

125 ml (½ tasse) de crème 35 %

Dans un bol d'eau tiède légèrement vinaigrée, faire tremper les têtes de violon 10 minutes. Égoutter.

Dans une casserole d'eau bouillante légèrement salée, faire blanchir les têtes de violon et les haricots verts environ 1 minute. Égoutter. Passer sous l'eau froide pour fixer la couleur.

Dans une casserole, verser le bouillon de poulet, ajouter les fines herbes, poivrer au goût et amener à ébullition.

Ajouter les têtes de violon et les haricots verts et laisser mijoter à feu doux 2 minutes.

Retirer les légumes du bouillon et déposer dans un saladier.

Délayer la fécule dans l'eau et incorporer au bouillon. Poursuivre la cuisson jusqu'à épaississement.

Ajouter la crème et poursuivre la cuisson 2 minutes.

Verser la sauce sur les légumes et servir.

POIVRONS ROUGES OU JAUNES GRILLÉS À L'HUILE ET À L'AIL

4 PORTIONS

2 poivrons rouges ou jaunes

125 ml (½ tasse) d'huile d'olive

2 gousses d'ail, hachées

Sel et poivre

Tailler les poivrons en quartiers et retirer les graines et les membranes blanches.

Dans un plat peu profond, mélanger l'huile, l'ail, le sel et le poivre. En enduire la peau et l'intérieur des poivrons et les laisser mariner 20 minutes.

Préchauffer le barbecue à puissance moyenne.

Retirer les quartiers de poivrons de la marinade. Égoutter pour enlever l'excédent de marinade, mais sans les assécher.

Faire griller 3 minutes de chaque côté. Badigeonner de marinade deux fois durant la cuisson.

BROCHETTES DE BROCOLI

4 PORTIONS

500 ml (2 tasses) de bouquets de brocoli

250 ml (1 tasse) de bouillon de poulet

30 ml (2 c. à s.) de sauce soya

30 ml (2 c. à s.) de beurre

1 gousse d'ail, hachée

2,5 ml (½ c. à t.) de cerfeuil, haché

30 ml (2 c. à s.) de jus de citron

Sel et poivre

Enfiler par la base les bouquets de brocoli sur de petites brochettes.

Dans une casserole assez large pour recevoir les brochettes, amener à ébullition le bouillon de poulet et la sauce soya. Blanchir les bouquets de brocoli environ 4 minutes dans le bouillon.

Entre-temps, dans une petite poêle, chauffer le beurre. Incorporer l'ail et le cerfeuil. Cuire 1 minute et ajouter le jus de citron.

Servir les brochettes de brocoli arrosées de beurre à l'ail.

LÉGUMES GRILLÉS AU BARBECUE

4 PORTIONS

2 poivrons rouges, coupés en lamelles

1 poivron jaune, coupé en lamelles

1 oignon rouge, en quartiers

2 gousses d'ail

2 courgettes, coupées en rondelles

2 tomates, en quartiers

30 ml (2 c. à s.) d'huile d'olive

30 ml (2 c. à s.) de vinaigre balsamique

15 ml (1 c. à s.) de romarin frais

5 ml (1 c. à t.) de poivre frais moulu

Sel au goût

Déposer les légumes sur une grande feuille de papier d'aluminium. Arroser d'huile d'olive et de vinaigre balsamique. Parsemer de romarin. Assaisonner au goût.

Refermer le papier d'aluminium en exécutant un double pli et replier les extrémités sur elles-mêmes pour former une papillote hermétique. Cuire 15 minutes au barbecue préchauffé à puissance moyenne, en retournant une fois à mi-cuisson.

HARICOTS AU SÉSAME

4 PORTIONS

500 ml (2 tasses) de haricots verts, équeutés

Sel et poivre

30 ml (2 c. à s.) de beurre

1,25 ml (¼ c. à t.) d'huile de sésame

30 ml (2 c. à s.) de graines de sésame

30 ml (2 c. à s.) de persil, haché

10 ml (2 c. à t.) de jus de citron

Dans une casserole d'eau bouillante légèrement salée, faire cuire les haricots 5 minutes. Égoutter. Passer sous l'eau froide pour fixer la couleur. Saler et poivrer.

Dans un poêlon, faire fondre le beurre et ajouter l'huile de sésame. Faire revenir les graines de sésame.

Ajouter les haricots cuits et le persil.

Arroser de jus de citron. Remuer délicatement.

Peut se servir chaud ou froid selon l'occasion.

Légumes grillés au barbecue

MAÏS À LA CIBOULETTE

4 PORTIONS

375 ml (1 ½ tasse) de maïs en grains

30 ml (2 c. à s.) de ciboulette, hachée

2,5 ml (½ c. à t.) d'huile d'olive

1 gousse d'ail, hachée

Sel et poivre

Dans un bol allant au micro-ondes, mélanger tous les ingrédients. Saler et poivrer. Couvrir d'une pellicule alimentaire. Pratiquer de fines incisions avec la pointe d'un couteau pour laisser la vapeur s'échapper.

Cuire au four à micro-ondes 2 minutes.

Retirer du four et laisser reposer 1 minute.

POMMES DE TERRE FARCIES AU FROMAGE ET AUX CHAMPIGNONS

4 PORTIONS

4 grosses pommes de terre

15 ml (1 c. à s.) de beurre

125 ml (½ tasse) de champignons, tranchés

45 ml (3 c. à s.) de beurre

1 œuf

125 ml (½ tasse) de fromage, râpé

45 ml (3 c. à s.) de lait

Sel et poivre

5 ml (1 c. à t.) de chapelure

Préchauffer le barbecue à puissance élevée.

Envelopper chaque pomme de terre d'une feuille d'aluminium. Piquer avec une fourchette et faire cuire environ 60 minutes.

Entre-temps, dans une poêle, chauffer le beurre et faire revenir les champignons. Réserver.

Tailler les pommes de terre cuites en deux dans le sens de la longueur. Évider la pulpe sans briser la peau.

Dans un bol, passer la pulpe à la moulinette ou au pilon.

Incorporer le beurre, l'œuf, le fromage râpé et le lait. Bien mélanger. Incorporer les champignons délicatement. Saler et poivrer.

Garnir les pommes de terre de ce mélange.

Saupoudrer de chapelure et remettre sur la grille du barbecue 5 minutes à feu moyen.

POMMES DE TERRE À L'HUILE D'OLIVE ET CIBOULETTE

4 PORTIONS

3 pommes de terre à chair jaune, non pelées, lavées et coupées en quartiers

60 ml (¼ tasse) de lait

45 ml (3 c. à s.) d'huile d'olive

15 ml (1 c. à s.) de moutarde en grains

125 ml (½ tasse) de ciboulette, hachée

Sel et poivre

Dans une grande casserole, cuire les pommes de terre dans l'eau salée, environ 20 minutes. Retirer et égoutter.

Remettre les pommes de terre dans la casserole. Écraser grossièrement à la fourchette en conservant de gros morceaux de pommes de terre. Ajouter le lait, l'huile d'olive, la moutarde en grains, la ciboulette, le sel et le poivre. Mélanger pour incorporer les ingrédients sans chercher à réduire les pommes de terre en purée.

Servir sans tarder.

Note : En conservant la peau de la pomme de terre, cette recette présente un aspect plus rustique. Toutefois, vous pouvez retirer la peau avant la cuisson et réduire le temps de cuisson à 15 minutes car la pomme de terre doit conserver une certaine fermeté.

FRITES SANS REMORDS

4 PORTIONS

4 pommes de terre, taillées en bâtonnets

5 ml (1 c. à t.) d'huile d'olive

5 ml (1 c. à t.) de paprika

2,5 ml (½ c. à t.) de poudre d'ail

2,5 ml (½ c. à t.) de poudre d'oignon

Sel et poivre

Préchauffer le four à 205°C (400°F).

Dans un bol, avec les mains, bien mélanger les bâtonnets de pommes de terre avec l'huile d'olive. Ajouter les assaisonnements. Bien mélanger à nouveau de façon à ce que les bâtonnets de pommes de terre soient bien enrobés d'épices.

Répartir les bâtonnets sur une lèchefrite ou une plaque à biscuits à revêtement antiadhésif de façon que chaque bâtonnet soit bien en contact avec la surface de cuisson.

Cuire au four 10 minutes. Retourner les bâtonnets, bien les étaler et poursuivre la cuisson 10 minutes ou plus pour obtenir une belle coloration.

TOMATES ANCESTRALES, CHIPS DE BASILIC ET CARAMEL BALSAMIQUE

4 PORTIONS

4 tomates ancestrales

60 ml (¼ tasse) d'huile d'arachide

8 feuilles de basilic

125 ml (½ tasse) de vinaigre balsamique

Retirer le pédoncule des tomates et les trancher. Les disposer dans une assiette de service ou 4 petites assiettes. Saler et poivrer. Réserver à température ambiante.

Dans une petite casserole, chauffer l'huile d'arachide et faire frire les feuilles de basilic environ 30 secondes ou jusqu'à ce qu'elles deviennent croustillantes. À l'aide d'une cuillère troué, retirer les feuilles de basilic et les déposer sur du papier absorbant.

Dans une autre petite casserole, chauffer le vinaigre balsamique à feu élevé jusqu'à l'obtention d'une consistance de caramel liquide.

Verser le caramel balsamique sur les tomates et décorer de feuilles de basilic.

TOMATES À LA PROVENÇALE

4 PORTIONS

45 ml (3 c. à s.) de chapelure

30 ml (2 c. à s.) de persil, haché

5ml (1 c. à t.) d'herbes de Provence

1 gousse d'ail, émincée

Sel et poivre

10 ml (2 c. à t.) d'huile d'olive

4 tomates de grosseur moyenne, coupées en deux

45 ml (3 c. à s.) de parmesan, râpé

Préchauffer le barbecue à puissance moyenne.

Dans un bol, mélanger la chapelure, le persil, les herbes de Provence et l'ail. Saler et poivrer.

Tailler une fine lanière à la base des demi-tomates, au besoin, afin qu'elles reposent bien droites. Huiler légèrement chaque moitié de tomate. Recouvrir du mélange de chapelure et d'herbes.

Saupoudrer de parmesan.

Poser une feuille d'aluminium sur la grille. Y déposer les demi-tomates, côté peau sur l'aluminium et cuire 10 minutes.

Tomates à la provençale

Crevettes et quinoa

SALADES

Chou chinois à l'asiatique   102

Courgettes en rubans   100

Crevettes et quinoa   107

Haricots rouges et mandarine   100

Nouilles de riz, poulet et sauce
piquante à l'arachide   105

Salade aux épinards et aux champignons   107

Salade César   102

Salade de légumes grillés,
vinaigrette au bleu   109

Salade de pâtes au thon   106

COURGETTES EN RUBANS

4 PORTIONS

2 courgettes de taille moyenne

1 pomme, coupée en dés

Le jus d'un citron

8 tomates cerises, coupées en deux

2 échalotes françaises, hachées finement

30 ml (2 c. à s.) de moutarde de Meaux ou en grains

80 ml (⅓ tasse) d'huile d'olive

Sel et poivre

30 ml (2 c. à s.) de fromage feta, émietté

Quelques feuilles de basilic

À l'aide d'un économe, tailler les courgettes en longues tranches fines.

Dans un grand bol, arroser les dés de pomme du jus d'un citron.

Dans un petit bol, mélanger les échalotes, la moutarde et l'huile d'olive.

Au grand bol contenant les dés de pomme, ajouter les tomates, les courgettes et le mélange d'échalotes, moutarde et huile.

Saler et poivrer au goût.

Laisser reposer 30 minutes avant de servir.

Décorer de fromage feta et de feuilles de basilic.

HARICOTS ROUGES ET MANDARINE

4 PORTIONS

250 ml (1 tasse) de haricots rouges, en conserve, égouttés

1 mandarine, pelée, en quartiers

60 ml (¼ tasse) d'oignon rouge, tranché finement

60 ml (¼ tasse) de céleri, tranché finement

60 ml (¼ tasse) de poivron vert, en dés

60 ml (¼ tasse) de poivron rouge, en dés

8 feuilles de laitue

VINAIGRETTE

15 ml (1 c. à s.) de vinaigre de riz

15 ml (1 c. à s.) de jus de lime

5 ml (1 c. à t.) de miel

5 ml (1 c. à t.) d'huile de canola

Sel et poivre

Dans un petit bol, mélanger les ingrédients de la vinaigrette.

Dans un bol moyen, mélanger les haricots, la mandarine, l'oignon, le céleri et les poivrons.

Tapisser un plat de service de feuilles de laitue. Déposer la salade de haricots. Arroser de vinaigrette.

Courgettes en rubans

SALADE CÉSAR

4 PORTIONS

2 coeurs de laitue romaine, feuilles
   grossièrement déchiquetées
3 tranches de bacon
4 tranches de pain, en dés
125 ml (½ tasse) de parmesan frais, râpé

VINAIGRETTE

250 ml (1 tasse) de mayonnaise (voir page 126)
1 filet d'anchois, haché
2 gousses d'ail, émincées
5 ml (1 c. à t.) de câpres, hachées
2,5 ml (½ c. à t.) de sauce Worcestershire
2 gouttes de Tabasco
15 ml (1 c. à s.) de parmesan, râpé
Sel et poivre

Dans une poêle, faire cuire le bacon jusqu'à ce qu'il soit croustillant. Déposer sur un papier absorbant et éponger l'excédent de gras. Laisser tiédir, émietter et réserver.

Retirer de la poêle l'excédent de gras de bacon tout en conservant une partie du gras pour y faire rôtir les dés de pain.

Dans un grand bol, mélanger les ingrédients de la vinaigrette.

Déposer la laitue dans un saladier. Verser la vinaigrette. Touiller.

Saupoudrer de parmesan. Ajouter le bacon et les dés de pain.

CHOU CHINOIS À L'ASIATIQUE

4 PORTIONS

½ chou chinois, coupé en fines lanières
1 carotte, épluchée et taillée en allumettes
½ petit daikon, épluché et taillé en allumettes
2 oignons verts, coupés en fines tranches
30 ml (2 c. à s.) de graines de sésame grillées

SAUCE

80 ml (⅓ tasse) de mayonnaise
1,25 ml (¼ c. à t.) de Wasabi
15 ml (1 c. à s.) de vinaigre de riz
15 ml (1 c. à s.) de saké
10 ml (2 c. à t.) d'huile de sésame
30 ml (2 c. à s.) de sauce soya
5 ml (1 c. à t.) de sucre

Dans un grand bol, mélanger le chou chinois, la carotte, le daikon, les oignons et les graines de sésame.

Dans un petit bol, mélanger les ingrédients de la sauce.

Verser la sauce sur le mélange de légumes juste avant de servir.

Note : Le daikon est un radis oriental qu'on retrouve aisément dans les épiceries spécialisées.

Salade César

NOUILLES DE RIZ, POULET
ET SAUCE PIQUANTE À L'ARACHIDE

4 PORTIONS

225 g (½ lb) de nouilles de riz thaïlandaises de 5 mm (¼ po) de largeur

80 ml (⅓ tasse) de beurre d'arachide crémeux

30 ml (2 c. à s.) de sauce au piment rouge

10 ml (2 c. à t.) d'huile de sésame rôti

10 ml (2 c. à t.) de sauce de poisson nuoc mam (facultatif)

15 ml (1 c. à s.) de sauce soya

15 ml (1 c. à s.) de gingembre frais râpé

2 gousses d'ail, hachées finement

60 ml (¼ tasse) d'eau

2 demi-poitrines de poulet

3 oignons verts, tranchés finement

1 carotte, taillée en julienne

125 ml (½ tasse) de coriandre fraîche, hachée

Graines de sésame

Préchauffer le four à 175°C (350°F)

Dans une grande casserole d'eau bouillante, déposer les nouilles de riz et fermer le feu. Laisser reposer les nouilles dans l'eau chaude pendant 20 minutes en les remuant de temps à autre. Retirer et égoutter. Réserver dans un bol.

Pendant que les nouilles cuisent, déposer les demi-poitrines sur du papier parchemin recouvrant une plaque allant au four et cuire le poulet sans coloration de 15 à 20 minutes, selon la taille.

Dans un bol, combiner le beurre d'arachide, la sauce au piment, l'huile de sésame, les sauces de poisson et soya, le gingembre, l'ail et l'eau (pour délier la sauce).

Ajouter aux nouilles le poulet, les oignons verts et la carotte. Mélanger délicatement.

Arroser de sauce à l'arachide et mélanger.

Garnir de coriandre et parsemer de graines de sésame.

SALADE DE PÂTES AU THON

4 PORTIONS

750 ml (3 tasses) de pâtes en coquillettes, cuites

198 g (7 oz) de thon, en conserve, égoutté

250 ml (1 tasse) de céleri, tranché finement

60 ml (¼ tasse) d'oignon, haché finement

125 ml (½ tasse) de brocoli, en bouquets

250 ml (1 tasse) de tomates cerises, coupées en quatre

125 ml (½ tasse) de parmesan, râpé

500 ml (2 tasses) de laitue Boston

Feuilles de basilic

VINAIGRETTE ITALIENNE

15 ml (1 c. à s.) de moutarde de Dijon

30 ml (2 c. à s.) de vinaigre de vin blanc

60 ml (¼ tasse) d'huile d'olive

½ gousse d'ail, hachée

2,5 ml (½ c. à t.) de sucre

2,5 ml (½ c. à t.) d'origan, haché

2,5 ml (½ c. à t.) de thym

Sel et poivre

Dans un grand saladier, combiner les coquillettes, le thon, le céleri et l'oignon.

Ajouter la vinaigrette et laisser mariner 60 minutes.

Déposer les ingrédients de la salade sur les feuilles de laitue Boston.

Ajouter le brocoli et les tomates.

Saupoudrer de parmesan et décorer de feuilles de basilic.

SALADE AUX ÉPINARDS ET AUX CHAMPIGNONS

750 ml (3 tasses) de jeunes pousses d'épinards, équeutées

250 ml (1 tasse) de champignons, émincés en fines lamelles

VINAIGRETTE

45 ml (3 c. à s.) de jus de citron

10 ml (2 c. à t.) d'huile d'olive

2,5 ml (½ c. à t.) de basilic frais, haché

2,5 ml (½ c. à t.) de sucre blanc

1 gousse d'ail, hachée

5 ml (1 c. à t.) de moutarde de Dijon

Sel et poivre

Dans un saladier, mélanger les épinards et les champignons.

Dans un petit bol, mélanger les ingrédients de la vinaigrette.

Verser la vinaigrette sur les légumes et mélanger.

CREVETTES ET QUINOA

4 PORTIONS

250 ml (1 tasse) de quinoa

250 ml (1 tasse) de bouillon de poulet

125 ml (½ tasse) de pois verts, congelés

2 concombres libanais, coupés en dés

12 tomates cerises, taillées en deux

4 échalotes vertes, hachées

500 ml (2 tasses) de crevettes de Matane

10 ml (2 c. à t.) de zestes de citron

SAUCE

15 ml (1 c. à s.) d'huile d'arachide

15 ml (1 c. à s.) de sauce de poisson

15 ml (1 c. à s.) de sucre

15 ml (1 c. à s.) de jus de lime

30 ml (2 c. à s.) de sauce soya

15 ml (1 c. à s.) de coriandre fraîche

Dans un bol, mélanger les ingrédients de la sauce. Réserver.

Dans une casserole d'eau bouillante salée, cuire les pois quelques minutes. Égoutter et réserver.

Dans une casserole, cuire le quinoa dans le bouillon de poulet. Laisser tiédir.

Dans un saladier, mélanger le quinoa, les pois, les concombres, les tomates, les échalotes et les crevettes.

Verser la sauce et l'incorporer aux ingrédients de la salade.

Garnir de zestes de citron.

SALADE DE LÉGUMES GRILLÉS, VINAIGRETTE AU BLEU

4 PORTIONS

1 courgette, coupée en deux sur la longueur

½ brocoli, pied enlevé, coupé en bouquets

½ chou-fleur, coupé en bouquets

12 tomates cerises, coupées en deux

12 champignons de bonne taille, coupés en deux

1 oignon rouge, en 8 quartiers

VINAIGRETTE

125 ml (½ tasse) de yogourt nature

30 ml (2 c. à s.) de fromage bleu, émietté

15 ml (1 c. à s.) de jus de citron

1 trait de sauce Worcestershire

15 ml (1 c. à s.) de cerfeuil, haché

Sel et poivre

Dans une casserole d'eau bouillante légèrement salée, blanchir le brocoli et le chou-fleur 1 minute. Ajouter les demi-courgettes et poursuivre la cuisson 30 secondes.

Retirer les légumes et les plonger dans un bol d'eau glacée. Une fois les légumes rafraîchis, les égoutter et les éponger.

Préchauffer le barbecue à puissance moyenne. Griller les légumes, sauf les tomates, à la chaleur directe, 4 minutes sur chaque face. Fermer les brûleurs de la moitié droite de l'appareil. Y déplacer les légumes et poursuivre la cuisson à chaleur indirecte et à couvercle fermé environ 10 minutes en les retournant après cinq minutes.

Au robot culinaire, mélanger les ingrédients de la vinaigrette. Réserver.

Détailler les légumes grillés selon le nombre de portions à servir.

Déposer les légumes grillés dans un saladier, ajouter les demi-tomates et arroser de vinaigrette au bleu.

Mousse aux bleuets et aux bananes

DESSERTS

AGRUMES AU GRAND MARNIER

4 PORTIONS

1 pamplemousse rose
1 orange sanguine
45 ml (3 c. à s.) de Grand Marnier
15 ml (1 c. à s.) de sucre

Peler le pamplemousse et l'orange à vif en retirant toute la partie blanche des agrumes.

Trancher les agrumes en fines rondelles.

Disposer dans une assiette en alternant les tranches de pamplemousse et d'orange.

Arroser de Grand Marnier et saupoudrer de sucre.

Laisser reposer au moins 1 heure avant de servir.

ANANAS GRILLÉ AU BARBECUE

4 PORTIONS

1 ananas frais
60 ml (¼ tasse) de rhum
60 ml (¼ tasse) de cassonade
15 ml (1 c. à s.) de cannelle moulue
2,5 ml (½ c. à t.) de gingembre moulu
2,5 ml (½ c. à t.) de muscade moulue
2,5 ml (½ c. à t.) de clou de girofle
    moulu

Peler l'ananas en conservant sa forme initiale entière. Retirer le cœur et couper en 8 rondelles épaisses. Placer les tranches dans un plat peu profond.

Dans un petit bol, combiner le rhum, la cassonade, la cannelle, le gingembre, la muscade et le clou de girofle. Verser la marinade sur l'ananas et réfrigérer pendant au moins une heure.

Préchauffer le barbecue à puissance moyenne. Huiler légèrement la grille.

Griller les tranches d'ananas 5 minutes de chaque côté.

Servir arrosé du reste de la marinade.

Ananas grillé au barbecue

FEUILLETÉS AUX FRUITS DE SAISON

4 PORTIONS

225 g (½ lb) de pâte feuilletée du commerce

1 œuf, battu

250 ml (1 tasse) de crème pâtissière (voir page 127)

250 ml (1 tasse) de fruits frais

125 ml (½ tasse) de nappage à l'abricot

NAPPAGE À L'ABRICOT

180 ml (¾ tasse) de confiture d'abricots

45 ml (3 c. à s.) d'eau

Préchauffer le four à 190 °C (375 °F).

Tapisser une plaque à biscuits de papier parchemin.

Abaisser la pâte à 0,25 cm (⅛ po). Couper la pâte en triangles dont la base doit mesurer en longueur environ 15 cm (6 po).

À l'aide d'une fourchette, piquer la pâte.

Avec les retailles, façonner des bandes de 1,25 cm (½ po) de largeur, suffisamment longues pour former un rebord sur les trois côtés de chaque feuilleté.

À l'aide d'un pinceau à pâtisserie, humecter le bord des feuilletés et les bandes de contours. Faire adhérer les bandes en pressant doucement.

Déposer les feuilletés sur la plaque à biscuits. Badigeonner les bandes de contours avec l'oeuf battu. Laisser reposer 15 minutes.

Faire cuire au four 15 minutes.

Retirer du four et laisser refroidir complètement.

Couvrir le feuilleté de crème pâtissière et déposer les fruits.

Badigeonner de nappage à l'abricot.

Placer au réfrigérateur au moins 2 heures.

NAPPAGE À L'ABRICOT

À l'aide d'une spatule, passer la confiture d'abricots au tamis au-dessus d'une petite casserole.

Faire fondre la confiture à feu doux. Laisser refroidir 2 minutes. Ajouter l'eau en remuant.

GÂTEAU SANS SUCRE AUX TOMATES

8 PORTIONS

80 ml (⅓ tasse) d'huile végétale

1 œuf

125 ml (½ tasse) de tomates, en dés

2,5 ml (½ c. à t.) d'essence de vanille

375 ml (1 ½ tasse) de farine de blé, tamisée

2 ml (½ c. à t.) de bicarbonate de soude

1 pincée de sel

0,625 ml (⅛ c. à t.) de muscade

1,25 ml (¼ c. à t.) de cannelle

125 ml (½ tasse) de noix, hachées

250 ml (1 tasse) de crème 35 %

Préchauffer le four à 160 °C (325 °F).

Beurrer et enfariner un moule de 23 cm (9 po) de diamètre. Réserver.

Dans un bol, fouetter l'huile et l'œuf. Ajouter les dés de tomate et l'essence de vanille. Réserver.

Dans un autre bol, mélanger les autres ingrédients sauf la crème. Incorporer au premier mélange.

Verser dans le moule.

Cuire au four 50 minutes.

Entre-temps, fouetter la crème et la laisser reposer au réfrigérateur.

En garnir le gâteau.

MOUSSE AUX BLEUETS ET AUX BANANES

4 PORTIONS

1 sachet de gélatine sans saveur

90 ml (6 c. à s.) de jus d'orange

360 ml (1 ½ tasse) de bleuets

3 bananes mûres, écrasées

125 ml (½ tasse) de yogourt nature

Dans une petite casserole, faire dissoudre la gélatine dans le jus d'orange. Faire chauffer quelques minutes.

Au mélangeur, réduire en purée les bleuets, les bananes et le yogourt et mixer jusqu'à obtenir une mousse lisse et crémeuse.

Ajouter la gélatine diluée et mixer de nouveau.

Répartir dans des coupes à dessert. Réfrigérer.

Décorer de fruits au moment de servir, si désiré.

POIRES POCHÉES AU VIN BLANC

4 PORTIONS

2 limes

500 ml (2 tasses) de vin blanc

125 ml (½ tasse) de sucre

10 ml (2 c. à t.) de vanille

12 grains de poivre rose, grossièrement concassés

4 poires Bartlett fermes, pelées, les pédoncules conservés

Yogourt grec nature

Noisettes rôties, concassées

À l'aide d'un économe ou d'un zesteur, prélever le zeste de lime en longues lanières en évitant de retirer la membrane blanche. Couper les limes en deux et presser le jus. Réserver.

Dans une casserole, porter à ébullition le vin, le sucre, le jus et le zeste de lime.

Réduire le feu, ajouter la vanille et les grains de poivre rose concassés.

Disposer les poires à la verticale dans la casserole et pocher pendant 20 à 30 minutes ou jusqu'à ce que les poires soient tendres sous la pointe d'un couteau. Pour favoriser une cuisson homogène, remuer les poires de temps en temps.

Égoutter les poires. Réserver.

À l'aide d'une passoire très fine, filtrer le jus de pochage. Reverser le jus dans la casserole et réduire, à feu moyen, pour obtenir un sirop. Napper les poires de sirop et servir accompagnées de yogourt grec et de noisettes rôties concassées.

TARTE AUX FRAISES ET À LA RHUBARBE

PÂTE BRISÉE POUR 2 ABAISSES

75 ml (5 c. à s.) d'eau froide

15 ml (1 c. à s.) de sucre

5 ml (1 c. à t.) de sel

160 ml (⅔ tasse) de beurre

500 ml (2 tasses) de farine

GARNITURE

250 ml (1 tasse) de sucre

125 ml (½ tasse) de farine tout-usage

450 g (1 lb) de rhubarbe fraîche, hachée

875 ml (3 ½ tasses) de fraises

30 ml (2 c. à s.) de beurre

1 jaune d'oeuf

30 ml (2 c. à s.) de sucre

PRÉPARER LA PÂTE

Dans un bol, dissoudre l'eau, le sucre et le sel.

Dans un autre bol, mélanger le beurre et la farine jusqu'à consistance granuleuse. Creuser un puit au centre.

Verser le mélange liquide. Mélanger délicatement avec les mains, sans pétrir.

Envelopper la pâte de pellicule plastique et placer au réfrigérateur de 15 à 30 minutes.

GARNITURE

Dans un grand bol, mélanger la farine et le sucre. Ajouter les fraises et la rhubarbe. Laisser reposer 30 minutes.

Entre-temps, abaisser la pâte.

Préchauffer le four à 200 °C (400 °F).

Verser les fruits dans la croûte à tarte. Parsemer de noisettes de beurre et couvrir de l'autre abaisse. Sceller les bords des deux abaisses avec un peu d'eau.

Badigeonner la surface de la tarte de jaune d'oeuf. Saupoudrer de sucre. Faire quelques incisions au centre de la croûte pour laisser la vapeur s'échapper.

Cuire 35 à 40 minutes ou jusqu'à ce que le mélange fasse des bulles et que la croûte soit dorée.

Laisser refroidir sur une grille.

SORBET À LA FRAISE ET AU BASILIC

4 PORTIONS

500 ml (2 tasses) de fraises
   tranchées, surgelées

125 ml (½ tasse) de sucre

30 ml (2 c. à s.) de jus de citron

1 blanc d'œuf

10 feuilles de basilic frais, ciselées

Dans un robot culinaire, déposer tous les ingrédients sauf le basilic et mixer environ 2 minutes jusqu'à l'obtention d'un mélange onctueux.

Racler les bords du récipient à quelques reprises pour bien incorporer tous les ingrédients.

Ajouter le basilic et mixer 5 secondes.

Verser la préparation dans un contenant allant au congélateur.

Mettre au congélateur au moins deux heures avant de servir.

BROCHETTES DE FRUITS, SAUCE CHOCOLATÉE

4 PORTIONS

8 fraises, en moitiés

8 tranches de kiwi, en moitiés

Cantaloup, 16 petites boules

Melon miel, 16 petites boules

80 ml (⅓ tasse) de brisures de
   chocolat, mi-sucré

30 ml (2 c. à s.) de crème 35 %

8 petites brochettes de bois

8 feuilles de menthe fraîche

Enfiler sur chaque brochette les fruits en alternance. Réserver.

Dans une petite casserole, mélanger les brisures de chocolat et la crème. Cuire à feu doux jusqu'à ce que le chocolat ait fondu. Bien mélanger.

Verser sur les brochettes.

Décorer de menthe fraîche.

SUCRE À LA CRÈME AU MICRO-ONDES

16 PORTIONS

250 ml (1 tasse) de cassonade

250 ml (1 tasse) de sucre

250 ml (1 tasse) de crème 35 %

5 ml (1 c. à t.) d'essence de vanille

15 ml (1 c. à s.) de beurre

125 ml (½ tasse) de noix, hachées (facultatif)

Dans un plat profond allant au four à micro-ondes, mélanger la cassonade, le sucre et la crème.

Placer au four à micro-ondes à température élevée, amener à ébullition et laisser bouillir 10 minutes (pour un micro-ondes de 1000 watts de puissance).

Remuer 2 fois pendant la cuisson.

Retirer du micro-ondes. Ajouter l'essence de vanille et le beurre. Fouetter jusqu'à épaississement.

Ajouter les noix, si désiré.

Étaler dans un moule beurré et laisser tiédir.

Découper en carrés et laisser refroidir.

Note : Pour une consistance plus crémeuse, ajouter 4 à 5 guimauves avant de fouetter le mélange.

YOGOURT GLACÉ AUX CERISES

4 PORTIONS

250 ml (1 tasse) de yogourt aux cerises

60 ml (¼ tasse) de lait de coco

60 ml (¼ tasse) de cerises, dénoyautées

15 ml (1 c. à s.) de gingembre frais, râpé

10 ml (2 c. à t.) de poudre de cacao

Dans le bol du robot culinaire, verser le yogourt aux cerises, le lait de coco, les cerises, le gingembre et le cacao. Réduire en purée.

Transférer dans un autre bol. Couvrir d'une pellicule plastique. Placer au congélateur 4 heures ou jusqu'à consistance presque ferme.

Remettre le mélange dans le bol du robot culinaire et battre jusqu'à consistance granuleuse.

Replacer au congélateur 2 heures.

Au robot culinaire, battre à nouveau la préparation jusqu'à consistance presque lisse.

Remettre au congélateur 2 heures.

Retirer du congélateur 10 minutes avant de servir.

Coulis de tomates

BEURRES, COULIS, MAYONNAISES, SAUCES ET VINAIGRETTES

BEURRES COMPOSÉS

BEURRE D'ÉCHALOTES

250 g (½ lb) de beurre

80 ml (⅓ tasse) d'échalotes françaises, hachées

15 ml (1 c. à s.) de moutarde de Dijon

Le jus d'un quart de citron

15 ml (1 c. à s.) de persil, haché

1,25 ml (¼ c. à t.) de thym, haché

Sel et poivre

BEURRE DE TOMATES SÉCHÉES

250 g (½ lb) de beurre

30 ml (2 c. à s.) de tomates séchées, hachées

15 ml (1 c. à s.) de persil, haché

30 ml (2 c. à s.) d'échalotes françaises, hachées

2 gousses d'ail, hachées

1,25 ml (¼ c. à t.) de thym, haché

2,5 ml (½ c. à t.) de basilic, haché

5 ml (1 c. à t.) de sucre

Sel et poivre

BEURRE AUX FINES HERBES

250 g (½ lb) de beurre

15 ml (1 c. à s.) de persil, haché

5 ml (1 c. à t.) de thym, haché

5 ml (1 c. à t.) d'estragon, haché

5 ml (1 c. à t.) de basilic

1,25 ml (¼ c. à t.) de Tabasco

Le jus d'un quart de citron

Sel et poivre

Travailler chacun de ces beurres en pommade après avoir laissé le beurre reposer 45 minutes à la température de la pièce. Incorporer les ingrédients spécifiés pour chacun et mélanger jusqu'à l'obtention d'une pâte lisse.

Rouler séparément chacun des beurres dans une pellicule plastique pour former un cylindre. Diviser en portions au besoin et conserver au congélateur dans un contenant hermétique pour éviter le dessèchement. Au réfrigérateur, ils se conserveront de 10 à 15 jours.

MAYONNAISE DE BASE ET VARIANTES

500 ML (2 TASSES)

2 jaunes d'oeufs
10 ml (2 c. à t.) de moutarde de Dijon
2,5 ml (½ c. à t.) de sel
500 ml (2 tasses) d'huile végétale
30 ml (2 c. à s.) de vinaigre de vin
1,25 ml (¼ c. à t.) de poivre du moulin
15 ml (1 c. à s.) d'eau chaude

Dans un bol, à l'aide d'un fouet, mélanger les jaunes d'œufs, la moutarde et le sel.

Verser l'huile en mince filet en fouettant continuellement. Chaque fois que le mélange semble trop s'épaissir, ajouter environ 5 ml (1 c. à t.) de vinaigre.

À la toute fin, ajouter le poivre. Ajouter l'eau pour relâcher la mayonnaise.

Mélanger et vérifier l'assaisonnement.

VARIANTES

Tartare : à 250 ml (1 tasse) de mayonnaise, ajouter 15 ml (1 c. à s.) de persil haché, de cornichons au vinaigre hachés, de moutarde en grains et de jus de citron.

Aïoli : à 250 ml (1 tasse) de mayonnaise, ajouter 15 ml (1 c. à s.) de jus de citron et 2 gousses d'ail, émincées.

Rémoulade : à 250 ml (1 tasse) de mayonnaise, ajouter 15 ml (1 c. à s.) de cerfeuil haché, d'estragon haché, de câpres hachées, de cornichons au vinaigre hachés, de moutarde en grains et de jus de citron.

CRÈME PÂTISSIÈRE

ENVIRON 1 TASSE

250 ml (1 tasse) de lait

125 ml (½ tasse) de sucre

2 jaunes d'œufs

30 ml (2 c. à s.) de fécule de maïs

15 ml (1 c. à s.) de beurre non salé

1,25 ml (¼ c. à t.) d'essence de vanille

Dans une casserole, faire chauffer le lait et le sucre. Réserver.

Dans un bol, fouetter les jaunes d'œufs et la fécule. Délayer avec 80 ml (⅓ tasse) de mélange de lait chaud. Réserver.

En surveillant bien, amener à ébullition le reste du lait sucré. Verser en filet dans le mélange de jaunes d'œufs en fouettant de façon continue.

Remettre le tout dans la casserole. Faire cuire environ 1 minute en fouettant vigoureusement.

Retirer du feu. Ajouter le beurre et la vanille en fouettant jusqu'à l'obtention d'une crème lisse. Laisser tiédir.

Placer au réfrigérateur.

SAUCE TOMATE ÉPICÉE

15 ml (1 c. à s.) d'huile d'olive

1 oignon, haché

1 gousse d'ail, hachée

15 ml (1 c. à s.) de vinaigre balsamique

375 ml (3 tasses) de tomates broyées en conserve

1,25 ml (¼ c. à t.) de Tabasco

2,5 ml (½ c. à t.) de piment fort

Sel et poivre

Dans une petite casserole, chauffer l'huile d'olive et faire revenir l'oignon et l'ail.

Déglacer au vinaigre balsamique et laisser réduire presque à sec.

Ajouter les tomates, le Tabasco et le piment fort. Saler et poivrer.

Laisser mijoter 15 minutes.

SAUCES SALÉES

AUX ÉCHALOTES

15 ml (1 c. à s.) de beurre

3 échalotes françaises, émincées

15 ml (1 c. à s.) de vinaigre de vin

125 ml (½ tasse) de bouillon de bœuf

5 ml (1 c. à t.) de beurre manié (mélange égal de beurre et de farine)

AUX DEUX POIVRES

15 ml (1 c. à s.) de beurre

5 ml (1 c. à t.) d'oignon, haché

1,25 ml (¼ c. à t.) d'ail haché

15 ml (1 c. à s.) de vinaigre de vin

1,25 ml (¼ c. à t.) de poivre noir broyé

1,25 ml (¼ c. à t.) de poivre vert

125 ml (½ tasse) de bouillon de bœuf

5 ml (1 c. à t.) de beurre manié (mélange égal de beurre et de farine)

À LA MOUTARDE

15 ml (1 c. à s.) de beurre

5 ml (1 c. à t.) d'oignon, haché

15 ml (1 c. à s.) de vinaigre de vin

125 ml (½ tasse) de bouillon de bœuf

30 ml (2 c. à s.) de moutarde de Dijon

15 ml (1 c. à s.) de crème 35 %

Dans une petite casserole, chauffer le beurre et faire revenir l'échalote **ou** l'oignon et l'ail.

Déglacer au vinaigre de vin et laisser réduire presque à sec.

Ajouter le bouillon de bœuf et laisser réduire de moitié.

Ajouter les poivres **ou** la moutarde de Dijon.

Ajouter le beurre manié **ou** la crème 35 %.

SAUCES SUCRÉES

SAUCE ÉPICÉE

500 ml (2 tasses) de lait

125 ml (½ tasse) de sucre

1 bâton de cannelle

1 jaune d'œuf

15 ml (1 c. à s.) de fécule de maïs

5 ml (1 c. à t.) de gingembre frais, râpé

1 pincée de muscade

Dans une casserole, amener à frémissement le lait et le sucre. Ajouter la cannelle. Laisser frémir 2 minutes sans porter à ébullition.

Dans un bol, fouetter le jaune d'œuf et la fécule. Incorporer à ce mélange 45 ml (3 c. à s.) de lait chaud. Verser dans la casserole avec le reste du lait en remuant constamment. Poursuivre la cuisson à feu doux jusqu'à épaississement.

Ajouter les épices et bien mélanger.

SAUCE AU GRAND MARNIER

250 ml (1 tasse) de lait

1 œuf

45 ml (3 c. à s.) de sucre

1 pincée de sel

30 ml (1 oz) de Grand Marnier

60 ml (¼ tasse) de pistaches (facultatif)

Au bain-marie, faire chauffer en fouettant vivement, le lait, l'œuf, le sucre et le sel jusqu'à ce que la sauce épaississe.

Retirer du feu. Ajouter le Grand Marnier.

Incorporer les pistaches si désiré.

SAUCE AU CITRON

125 ml (½ tasse) d'eau

80 ml (⅓ tasse) de sucre

80 ml (⅓ tasse) de zeste de citron

15 ml (1 c. à s.) de fécule de maïs

250 ml (1 tasse) de jus de citron

Dans une casserole, faire bouillir l'eau, le sucre et le zeste de citron 5 minutes.

Entre-temps, dissoudre la fécule dans le jus de citron. Incorporer en filet au liquide bouillant en remuant sans arrêt. Poursuivre la cuisson jusqu'à épaississement, sans cesser de remuer.

COULIS DE PÊCHE ET DE MANGUE

ENVIRON 750 ML (3 TASSES)

160 ml (⅔ tasse) d'eau

180 ml (¾ tasse) de sucre

250 ml (1 tasse) de pêches en conserve, en dés

250 ml (1 tasse) de mangue, nature, en dés

30 ml (2 c. à s.) de jus de pêche

30 ml (2 c. à s.) de fécule de maïs

Dans une casserole, amener à ébullition l'eau et le sucre. Ajouter les fruits et le jus.

Laisser mijoter 3 minutes.

Diluer la fécule de maïs dans un peu d'eau. Verser dans la casserole. Cuire 1 minute en remuant sans arrêt.

Passer au mélangeur, puis au tamis pour obtenir un coulis plus lisse.

Servir froid.

COULIS DE TOMATES

6 à 8 tomates

45 ml (3 c. à s.) d'huile d'olive

1 oignon, haché

2 gousses d'ail, hachées

15 ml (1 c. à s.) de vinaigre balsamique

1,25 ml (¼ c. à t.) d'origan

1,25 ml (¼ c. à t.) de thym

2,5 ml (½ c. à t.) de Tabasco

30 ml (2 c. à s.) de basilic, haché

Ébouillanter les tomates pour enlever la peau. Couper les tomates en dés.

Dans une casserole, chauffer l'huile d'olive et faire revenir l'oignon émincé et l'ail environ 2 minutes. Ajouter le vinaigre balsamique et mélanger. Ajouter les dés de tomates, l'origan, le thym et le Tabasco. Saler et poivrer.

Cuire à feu doux environ 30 minutes.

Passer la purée au tamis pour éliminer les pépins.

Ajouter le basilic.

— VINAIGRETTES —

250 ML (1 TASSE)

À L'AIL

180 ml (¾ tasse) d'huile d'olive

60 ml (¼ tasse) de vinaigre de vin blanc

3 gousses d'ail, émincées

1,25 ml (¼ c. à t.) de sauce Worcestershire

Sel et poivre

AUX TOMATES

180 ml (¾ tasse) d'huile d'olive

60 ml (¼ tasse) de vinaigre de vin

30 ml (2 c. à s.) de ketchup

5 ml (1 c. à t.) de sucre

30 ml (2 c. à s.) de tomate, hachée

10 ml (2 c. à t.) de basilic

Sel et poivre

CIBOULETTE, ANETH ET FENOUIL

180 ml (¾ tasse) d'huile d'olive

60 ml (¼ tasse) de vinaigre de cidre

10 ml (2 c. à t.) de ciboulette, hachée

10 ml (2 c. à t.) d'aneth, séché

10 ml (2 c. à t.) de fenouil, séché

Sel et poivre

Dans un bol, mélanger les ingrédients spécifiques à chaque vinaigrette. Fouetter énergiquement pour faire monter en émulsion, si désiré.

Rectifier l'assaisonnement au besoin.

Limonade

BOISSONS

BOISSON DE CONCOMBRE ET FENOUIL

4 PORTIONS

2 concombres, pelés, épépinés, en dés

125 ml (½ tasse) de bulbe de fenouil, en dés

1 branche de céleri, en dés

500 ml (2 tasses) de lait 1 %

5 ml (1 c. à t.) de feuilles de fenouil, hachées

1,25 ml (¼ c. à t.) de sel d'oignon

1,25 ml (¼ c. à t.) de poivre de céleri

Feuilles de céleri

Au robot culinaire, réduire tous les ingrédients en purée.

Passer au tamis en recueillant le jus dans un pichet.

Laisser refroidir 1 heure au réfrigérateur.

Au service, garnir de feuilles de céleri.

JUS DE LÉGUMES

4 TASSES

30 ml (2 c. à s.) de persil, haché

30 ml (2 c. à s.) de ciboulette, hachée

15 ml (1 c. à s.) de poivron, râpé

½ branche de céleri, râpée

60 ml (¼ tasse) de concombre, râpé

1 l (4 tasses) de jus de tomates

5 ml (1 c. à t.) de sel

5 ml (1 c. à t.) de sucre

15 ml (1 c. à s.) de sauce Worcestershire

2 gouttes de Tabasco

15 ml (1 c. à s.) de citron

4 tranches de citron

Brins de fenouil

Dans un bol, mélanger le persil, la ciboulette, le poivron, le céleri, le concombre et le jus de tomates. Laisser macérer 2 heures au réfrigérateur.

Passer au tamis en recueillant le jus dans un pichet. Ajouter les autres ingrédients. Mélanger. Laisser refroidir.

Au service, garnir de tranches de citron et de brins de fenouil.

LIMONADE

1,5 L (6 TASSES)

1 l (4 tasses) d'eau
60 ml (¼ tasse) de miel
3 oranges à jus
2 citrons
5 tiges de menthe fraîche
1 citron, en tranches
Glaçons

Dans une petite casserole, faire chauffer 250 ml (1 tasse) d'eau avec le miel jusqu'à dissolution complète du miel.

Presser les oranges et les citrons pour en extraire le jus.

Verser le jus et l'eau de miel dans un pichet. Ajouter le reste d'eau froide, la menthe fraîche et les tranches de citron.

Réfrigérer de 30 à 40 minutes.

Servir avec de la glace.

JUS DE MELON ET GINGEMBRE

4 PORTIONS

750 ml (3 tasses) de cantaloup, en dés
125 ml (½ tasse) de jus d'orange
125 ml (½ tasse) de jus d'ananas
45 ml (3 c. à s.) de gingembre frais, râpé
60 ml (¼ tasse) de yogourt nature, léger
1 pincée de muscade
1 pincée de cannelle
5 ml (1 c. à t.) de menthe, hachée

Au robot culinaire, réduire tous les ingrédients en purée (sauf la menthe).

Passer au tamis en recueillant le jus dans un pichet.

Placer au réfrigérateur 1 heure.

Au service, garnir de menthe.

Sangria blanche

SANGRIA BLANCHE

8 À 10 PORTIONS

1 bouteille de vin blanc

1 kiwi, en tranches

1 orange sanguine, en tranches

1 pomme, en cubes

30 raisins verts, coupés en deux

30 ml (2 c. à s.) de sucre

60 ml (¼ tasse) de Cointreau ou de Triple sec

375 ml (1 ½ tasse) d'eau pétillante, réfrigérée

Feuilles de menthe fraîche

Dans un pichet, mélanger le vin, les fruits, le sucre, l'eau et le Cointreau.

Réfrigérer 2 heures avant de servir.

Au service, ajouter l'eau pétillante et la menthe.

NECTAR DE FRAMBOISES

4 PORTIONS

225 g (½ lb) de framboises

1 pomme, en dés

1 pêche, en dés

125 ml (½ tasse) de yogourt nature

30 ml (2 c. à s.) de miel

125 ml (½ tasse) de lait

4 tiges de menthe

Mélanger tous les ingrédients sauf la menthe dans un mélangeur et pulser pour obtenir une consistance lisse.

Au service, garnir d'une tige de menthe.

LES GRILLADES AU BARBECUE...
— QUELQUES CONSEILS POUR LES RÉUSSIR —

Bien griller est un art. Disons d'abord que griller n'est pas synonyme de flamber et il faut toujours chercher à éviter la cuisson avec flamme vive qui provoque fumées et carbonisation. On y arrive en diminuant l'intensité du feu, en déplaçant la pièce à cuire, en vaporisant de l'eau pour éteindre une flambée, en plaçant un récipient résistant à la chaleur sous la grille en-dessous de l'aliment à cuire pour recueillir les gras et les jus qui alimentent les flambées.

La texture de l'aliment est le premier critère qui détermine le degré de chaleur nécessaire à la cuisson. Règle générale, les aliments humides cuisent plus rapidement que les aliments secs et les aliments moins denses cuisent plus rapidement que les aliments denses. Plus l'aliment à cuire est délicat, plus il est préférable d'opter pour une cuisson à chaleur indirecte. Le principe en est simple. Il suffit de poser l'aliment sur une section de la grille qui n'est pas soumise directement à la chaleur. On obtient alors une cuisson par convection qui nécessite d'emprisonner l'air chaud en circulation en refermant partiellement ou totalement le couvercle du barbecue.

L'épaisseur de l'aliment est le second critère qui déterminera la durée de cuisson. Il faut présenter à la grille des pièces d'épaisseur uniforme ou regrouper vos pièces selon leur épaisseur et leur donner une durée de cuisson qui corresponde à cette différence d'épaisseur. Cuire une pièce de faible épaisseur exige une attention de tous les instants et on se simplifiera la tâche en taillant nos pièces de façon uniforme et en prévoyant

une bonne épaisseur, au moins 2,5 cm (1 po) surtout pour la cuisson des viandes saignantes. Il vaut mieux cuire en bloc une plus grosse pièce et ensuite la détailler en tranches minces que de tenter de réaliser la cuisson de plusieurs pièces de faible épaisseur.

Cuire en même temps des aliments de texture et d'épaisseur différentes demande une maîtrise qui s'acquiert assez facilement avec la pratique. Mais il vaut généralement mieux organiser ses cuissons de façon méthodique et prévoir un temps de repos au chaud pour les pièces à cuisson plus rapide.

GRILLER LES VIANDES, LES POISSONS ET LES LÉGUMES

Une bonne grillade commence toujours sur une grille bien chaude et à feu vif pour bien saisir la pièce à cuire. Il est donc impératif de préchauffer le barbecue. Selon la texture et l'épaisseur de l'aliment, il faut ensuite adapter la durée de la cuisson à température élevée et passer, plus ou moins rapidement, à la cuisson modérée. C'est pourquoi nous vous suggérons de prévoir des zones d'intensité de chaleur différentes sur votre surface de cuisson.

LES VIANDES ROUGES

Les pièces marinées cuisent généralement plus vite que les pièces qui n'ont pas été mises à mariner. Il faut bien les égoutter et au besoin les assécher si elles sont bien imbibées et plus grasses. La cuisson commence par un bon marquage qui consiste à saisir la pièce sur une face et à feu vif, pendant plus ou moins une minute selon l'épaisseur, puis la déplacer d'un quart de tour avec des pinces ou une spatule en métal, sans la piquer, et poursuivre la cuisson sur la même face le temps désiré. On retourne la pièce une seule fois et on poursuit la cuisson pour obtenir le degré de cuisson désiré. L'apparition de perles de sang sur la face marquée indique une cuisson saignante. Si cette cuisson convient, il faut alors retirer la pièce du feu, la couvrir d'une feuille d'aluminium et la laisser reposer au chaud, par exemple au four à 75°C (170°F) quelques minutes pour détendre la viande avant de la servir. Une cuisson à point s'obtient en prolongeant la cuisson sur feu modéré une minute de plus ou jusqu'à l'apparition de gouttelettes de sang plus considérables sur la face marquée. On peut obtenir un degré de cuisson bien cuit, mais moins sec et moins dense, en poursuivant la cuisson à couvercle fermé deux minutes ou plus selon le degré de cuisson désiré.

LES VIANDES BLANCHES

Elles sont en général plus fragiles à la cuisson à haute intensité et bien qu'il soit également préférable de les saisir, l'opération durera moins longtemps et cette viande s'asséchera moins si elle est cuite à température moyenne. Dès que l'on atteint une couleur interne rose pâle (65°C), il faut retirer de la grille et passer en mode détente (au four à température moyenne douce) pour quelques minutes seulement car la cuisson se poursuit. On obtiendra ainsi une texture moelleuse qui convient bien aux volailles en général, au gibier à plumes, ainsi qu'au porc, au veau et à l'agneau.

LES POISSONS

Les gens hésitent davantage à cuire un poisson au barbecue. Pourtant, il s'agit sans doute de la meilleure façon d'apprêter un poisson frais. Il suffit d'éviter l'assèchement sur un feu trop puissant. Une fois le barbecue bien préchauffé, les poissons entiers s'accommodent mieux d'une cuisson à feu moyen à couvercle fermé, en ayant préalablement pris soin de déposer le poisson sur un lit de légumes fibreux comme des branches de fenouil ou de céleri. Une simple lèchefrite renversée et posée sur le poisson, assez grande et assez creuse pour recouvrir le poisson sans le toucher, suffira. L'espace restreint fait qu'il devient inutile de retourner le poisson qui cuira uniformément sur toute sa surface. La température interne idéale est de 72°C, mais il faudra prévoir cuire d'autres légumes que ceux qui ont servi de support au poisson.

Les poissons ronds comme le rouget, le bar, le doré, les poissons plats comme la sole, la raie, le turbot et les petits poissons gras tels les sardines et les maquereaux se cuisent avec la peau, ce qui conserve toute leur humidité. Certains voudront utiliser les supports métalliques; d'autres poseront directement le poisson sur la grille. Il est préférable dans ce cas de ne pas retirer les écailles, d'inciser la peau à intervalles réguliers et de bien la badigeonner d'une huile dont le point de fumée est élevé.

Si le poisson est en filets, on aura soin de le cuire à l'unilatérale, côté peau sur la grille ou mieux, sur un lit de légumes. Ici aussi, la cuisson à couvercle fermé, plus rapide et moins desséchante, serait à privilégier. Si le poisson se présente en darnes, il sera assez facile de retourner la pièce, mais ici aussi la cuisson à l'unilatérale, si elle n'est pas essentielle, convient également, car elle conserve à la chair un certain moelleux.

LES FRUITS DE MER

Homards, crevettes, pétoncles, calmars... que de délices en perspective. La grille leur convient parfaitement et bien sûr, on adoptera pour eux une cuisson toute en délicatesse, idéalement à couvercle fermé, parfois indirecte et généralement sur feu doux et qui durera tout juste le temps de donner à leur chair une couleur opaque. Il est important de les badigeonner à quelques reprises durant la cuisson d'aromates macérés dans une bonne huile ou de beurres aromatisés. Il est également conseillé d'être attentif durant toute la période de cuisson et de les servir sitôt retirés de la grille.

LES LÉGUMES

Voici une façon des plus agréables de cuire les légumes, car la grille leur permet d'exprimer des saveurs qu'on ne leur retrouve pas autrement. Tous les légumes racines comme la carotte, le panais, les pommes de terre se prêtent à merveille aux grillades. Coupés en lanières assez larges pour ne pas disparaître dans les interstices de la grille, huilés et bien assaisonnés, ils vous feront expérimenter des saveurs insoupçonnées. Posés sur une plaque huilée et aromatisés d'herbes, ils fondront lentement en caramélisant, ce qui ne fera rien pour leur nuire. Bien sûr, la cuisson sur feu direct doit être modérée afin que les légumes cuisent en profondeur et s'il est préférable de les badigeonner en cours de cuisson, il faut éviter l'excès d'huile ou de marinade pour éviter les flambées soudaines.

L'aubergine et la courgette, tout comme la tomate, se retrouvent fréquemment sur nos barbecues. Ils sont plutôt fragiles aux cuissons vives et demandent une attention particulière. Les badigeonner d'huile quelques minutes avant de les cuire et surtout éviter de trop en mettre, ce qui provoquerait des flambées soudaines. Certains préconisent de les blanchir quelques secondes afin d'écourter le temps de cuisson. Ils retiendront mieux les saveurs des aromates qu'on déposera ensuite sur eux et il ne sera pas nécessaire de les huiler en cours de cuisson.

MENUS

BARBECUE SUR LA TERRASSE

Mix gril de saucisses et ses sauces   15

Calmars grillés   19

Guacamole   13

Gaspacho au melon et au fromage feta   32

Steak de flanc au barbecue   41

Salade César   102

Ananas grillés au barbecue   112

Limonade   135

BRUNCH DU DIMANCHE

Cake salé aux lardons et aux tomates séchées   10

Soupe glacée au concombre   33

Frittata à l'aubergine   80

Poivrons rouges grillés à l'huile et à l'ail   91

Brochettes de fruits, sauce chocolatée   120

Nectar aux framboises   137

LA PAUSE-SANTÉ

Jus de légumes   134

Baguette farcie de mousse de crevettes   8

Gâteau sans sucre aux tomates   116

Sorbet à la fraise et au basilic   120

LE 5 À 7

Boisson au melon et gingembre   135

Crevettes géantes, façon diabolo   50

Côtes levées de porc Teriyaki   60

Haricots rouges et mandarine   100

Agrumes au Grand Marnier   112

PIQUE-NIQUE ESTIVAL

Antipasti   18

Feuilles de vignes farcies   13

Salade de pâtes au thon   106

Bœuf haché en roulade de laitue   42

Sucre à la crème   121

Limonade   135

UN REPAS SANS VIANDE

Salade de cœurs de palmier et d'artichauts   25

Tagliatelles aux petits légumes   76

Muffin anglais, tomates, parmesan et roquette   82

Yogourt glacé aux cerises   121

Boisson de concombre et fenouil   134

INDEX